내 꿈을 펴는

# 청년창업
# 세무원리

## 내 꿈을 펴는 청년창업 세무원리

2025년 4월 10일 초판 인쇄
2025년 4월 18일 초판 발행

**지 은 이**  강상원, 안지헌
**발 행 인**  이희태
**발 행 처**  삼일피더블유씨솔루션
**등록번호**  1995. 6. 26. 제3-633호
**주    소**  서울특별시 용산구 한강대로 273 용산빌딩 4층
**전    화**  02)3489-3100
**팩    스**  02)3489-3141
**가    격**  20,000원

ISBN   979-11-6784-396-8   03320

내 꿈을 펴는

# 청년창업
# 세무원리

강상원 · 안지헌 지음

**SAMIL** | 삼일인포마인

# 머리말

중소기업은 규모가 작은 기업이 아니라 중소기업시책의 지원을 받는 기업이다. 중소기업의 기준이 되는 자산총액 5천억 원은 결코 작은 규모가 아니다. 기업집단에 소속되어 상호출자제한 및 공시의무 등 규제가 있는 기업이 대기업이고 규제가 완화된 기업이 중견기업이다. 기업의 자산총액이 5천억 원을 초과하면 중견기업이 되고, 5조 원을 초과하면 대기업이 된다. 따라서 중소기업은 대기업 및 중견기업보다 작을 뿐 영세한 기업이 아니다.

창업기업은 세 부담이 작은 기업이 아니라 시작하는 기업이다. 세금은 비용인데, 창업기업의 해야 할 일은 비용을 줄이는 일이 아니다. 창업기업은 수익을 늘리고, 사업을 벌리고, 네트워크를 펼치기 위해서 역량을 집중해야 한다. 비용을 줄이기 위해서는 관리가 필요하다. 관리의 노하우가 없는 창업기업은 조세특례의 요건을 구비하기 힘들고 사후관리를 지키기 어렵다. 따라서 창업기업의 조세특례는 먹기 어려운 특식이고, 먹기 좋게 차려진 정식은 아니다.

고용기업이란 부가가치가 낮은 기업이다. 부가가치란 산출물에서 투입물을 뺀 것을 말하고 고용은 대표적인 투입물이다. 인력이 많이 투입한 기업이 고용기업이므로 고용기업은 부가가치는 낮은 기업이 된다. 비교하여 벤처기업은 부가가치가 높은 기업이다. 중소기업이라면 부가가치가 높든 낮든 지원을 받는다. 고용은 고용대로 국가경제에서 차지하는 의미가 깊고, 부가가치는 부가가치대로 의미가 크다. 두 마리 토끼가 모두 필요하기 때문이다. 그러나 두 기업의 성격이 다르므로 지원의 방향도 다르다.

청년기업은 청년고용과 함께 미래 세대를 위한 기성세대의 투자이다. 미래를 계획할 때 일자리가 가지는 의미는 특히 크다. 조직의 수명은 개인의 수명보다 길고, 국가의 수명은 조직의 수명보다 길어야 한다. 이를 위해서는 좋은 선배가 좋은 후배를 길러내고, 자리를 양보해야 비로소 가능해진다.

지원이 필요하다는 말은 아직은 홀로 설 수 없다는 의미다. 청년창업기업에게 자신의 역량보다 주변 사회와 국가의 역량이 더 중요하다. 청년창업기업의 현재가 미약한 것은 중요하지 않다. 누구나 경험하는 과정이고 누구나 겪는 경험이다.

"누구나 그럴싸한 계획이 있다. 쳐 맞기 전까지는.." 마이클 타이슨처럼 시련을 주는 사람도, "실수하고 다치고 죽는 경우를 많이 봤기에 경쟁자의 실수를 바랄 수 없다."는 최병화 선수처럼 도움을 주는 사람도 청년창업기업이 만나야 할 사람들이다. 가능하면 최병화 선수를 먼저 만났으면 좋겠다.

출간에 도움을 주신 삼일피더블유씨솔루션 이희태 대표이사님, 김동원 이사님, 임연혁 차장님, 이슬기 대리님, 이지훈 대리님, 오미연 대리님과 교정해 주신 길하라 세무사님께 감사드린다.

2025.04.

선릉역 사무실에서 강상원·안지헌

## ▌법령 표시형식

「중소기업기본법」 ➜ 중기법

「중소기업기본법 시행령」 ➜ 중기령

「독점규제 및 공정거래에 관한 법률」 ➜ 공정거래법

「주식회사 등의 외부감사에 관한 법률」 ➜ 외감법

「조세특례제한법」 ➜ 조특법

「조세특례제한법 시행령」 ➜ 조특령

「조세특례제한법 시행규칙」 ➜ 조특칙

「자본시장과 금융투자업에 관한 법률」 ➜ 자본시장법

「벤처기업육성에 관한 특별법」 ➜ 벤처기업법

「벤처기업육성에 관한 특별법 시행령」 ➜ 벤처기업법 시행령

「중소기업창업 지원법」 ➜ 중소기업창업법

「중소기업창업지원법 시행령」 ➜ 중소기업창업법 시행령

「법인세법 시행령」 ➜ 법령

「부가가치세법」 ➜ 부법

「부가가치세법 시행령」 ➜ 부령

「부가가치세법 시행규칙」 ➜ 부칙

「국세기본법」 ➜ 국기법

「지방세특례제한법」 ➜ 지특법

내 꿈을 펴는 청년창업 세무원리

# 목 차

# 제3장 **창업기업**

# 제4장 고용기업

# 제1장

# 중소기업

**제1절**

# 기업편

## 1. 중소기업이란?

"중소기업"이란 중소기업을 육성하기 위한 시책("중소기업시책"
이라 함)의 대상이 되는 기업으로 중기령 제3조에 따른 업종별 매출
액이 일정한 요건을 만족하는 기업을 말한다(중기법 제2조 제1항 본
문 및 중기령 제3조 제2항).

중소기업시책은 중소기업을 보호하고 육성하며 경쟁력을 강화하
기 위한 정책적 방향과 계획을 의미한다. 예를 들어, 법령과 규정 개
정, 중소기업 친화적 환경 조성, 지속 가능한 성장 지원 등이 포함된
다. 비교하여 중소기업 지원사업은 중소기업시책의 일환으로 구체
적으로 실행되는 개별적인 프로그램과 사업들을 의미한다. 예를 들
어, 연구개발 지원, 해외 진출 지원, 창업 지원 프로그램, 저금리 대
출, 세제 혜택 등이 여기에 포함된다.

# 2. 중소기업시책의 시행

정부는 중소기업이 자생력을 강화할 수 있도록 창업·자금·경영·판로·기술개발 및 동반성장 등 다양한 분야에서 지원정책을 마련하여 시행하고 있다.

## 1) 지원사업

| 지원분야 | 연번 | 사업명 |
|---|---|---|
| 금융 | 1 | 혁신창업사업화자금(융자) |
| | 2 | 신성장기반자금(융자) |
| | 3 | 긴급경영안정자금(융자) |
| | 4 | 신시장진출지원자금(융자) |
| | 5 | 동반성장 네트워크론 |
| | 6 | 중소기업 매출채권팩토링 |
| | 7 | 정책자금 이차보전 |
| | 8 | 신용보증기금 |
| | 9 | 기술보증기금 |
| | 10 | 지역신용보증재단 |
| | 11 | 매출채권보험 |
| 기술개발 | 12 | 창업성장기술개발(R&D) |
| | 13 | 중소기업기술혁신개발 |
| | 14 | 산학연 Collabo R&D |
| | 15 | 스마트 제조혁신 기술개발사업 |
| | 16 | 중소기업 스마트서비스 지원사업 |
| | 17 | 중소기업 혁신제품 지정제도 |
| | 18 | 중소기업 기술거래 활성화 지원 |
| | 19 | 선도형 제조혁신 |
| | 20 | 디지털협업공장 |

| 지원분야 | 연번 | 사업명 |
|---|---|---|
| 기술개발 | 21 | 자율형공장 구축지원 |
| | 22 | 로봇활용 제조혁신 지원 |
| | 23 | 스마트공장 수준확인제도 |
| | 24 | 스마트공장 AS 지원사업 |
| | 25 | 스마트 마이스터 활용지원사업 |
| | 26 | 스마트공장 공급기업 역량진단 |
| | 27 | 클라우드형 스마트공장 종합솔루션 |
| | 28 | 중소기업 기술보호 역량 강화 |
| | 29 | 중소기업 기술탈취 근절 |
| | 30 | 기술보호 선도기업 육성 및 피해회복 지원 |
| 인력 | 31 | 중소기업 특성화고 인력양성사업 |
| | 32 | 중소기업 인력양성대학(기술사관 육성) |
| | 33 | 중소기업 인력양성대학(중소기업 계약학과) |
| | 34 | 연수사업 |
| | 35 | 내일채움공제 |
| | 36 | 청년연계형 내일채움공제 |
| | 37 | 인재육성형 중소기업 지정 |
| | 38 | 중소기업 연구인력 지원(신진) |
| | 39 | 중소기업 연구인력 지원(고경력) |
| | 40 | 중소기업 연구인력 지원(공공연 파견) |
| | 41 | 중소기업 연구인력 지원(현장맞춤형) |
| | 42 | 중소기업 장기근속자 주택우선공급 |
| 판로 | 43 | 중기간 경쟁제품, 공사용자재 직접구매 |
| | 44 | 직접생산확인제도 |
| | 45 | 계약이행능력심사 |
| | 46 | 적격조합 확인제도 |
| | 47 | 조합추천 소액 수의계약 |
| | 48 | 공공구매론 |
| | 49 | 기술개발제품 공공기관 실증지원 사업 |
| | 50 | 기술개발제품 우선구매 |

| 지원분야 | 연번 | 사업명 |
|---|---|---|
| 판로 | 51 | 성능인증제도 |
| | 52 | 기술개발제품 시범구매제도 |
| | 53 | 판로진출지원 |
| | 54 | 중소기업 공동 A/S 지원 |
| | 55 | MRO 납품 중소기업 지원 |
| | 56 | 동행축제 |
| 수출 | 57 | 수출바우처 |
| | 58 | 수출컨소시엄 |
| | 59 | 전자상거래수출 시장진출 |
| | 60 | 해외규격인증획득지원사업 |
| | 61 | 글로벌강소기업 1,000플러스 프로젝트 |
| | 62 | 대·중소기업 동반진출 지원 |
| | 63 | 글로벌비즈니스센터 |
| 여성기업 | 64 | 여성기업종합지원센터 운영 |
| | 65 | 여성창업 엑셀러레이팅 |
| | 66 | 여성기업 판로역량 강화 지원 |
| | 67 | 여성기업 확인서 발급 |
| | 68 | 여성기업제품 공공구매 지원 |
| | 69 | 여성기업 전문인력 매칭 플랫폼 운영 |
| | 70 | 여성기업 경영애로 지원센터 운영 |
| | 71 | 여성 CEO 비즈니스 아카데미 |
| | 72 | 선배 여성 CEO 멘토링 |
| | 73 | 미래 여성경제인 육성 |
| | 74 | 전국 여성 CEO 경영연수 |
| 장애인기업 | 75 | 장애인 맞춤형 창업교육 |
| | 76 | 장애인 창업 사업화 지원사업 |
| | 77 | 장애인 창업아이템 경진대회 |
| | 78 | 발달장애인 가족창업 특화사업장 운영 |
| | 79 | 국내외 전시회 참가지원 |
| | 80 | 장애인기업 수출지원 |

| 지원분야 | 연번 | 사업명 |
|---|---|---|
| 장애인기업 | 81 | 제품디자인 및 시제품 제작지원 |
| | 82 | 판로지원(인증획득 및 마케팅) |
| | 83 | 1인 사업주 보조공학기기 지원사업 |
| | 84 | MAS 컨설팅 및 등록 |
| | 85 | 전국장애경제인대회 |
| | 86 | 공공구매제도 운영 |
| | 87 | 장애인기업 창업보육실 운영 |
| 지역기업 | 88 | 중소기업 혁신바우처 사업 |
| | 89 | 지역특화발전특구제도 운영 |
| | 90 | 지역특화산업육성 |
| | 91 | 중소기업 밀집지역 위기대응 기반구축 |
| | 92 | 지역중소기업 교류협업 지원 |
| 창업 | 93 | 예비창업패키지 |
| | 94 | 초기창업패키지 |
| | 95 | 창업도약패키지 |
| | 96 | 재도전성공패키지 |
| | 97 | 창업중심대학 |
| | 98 | 초격차 스타트업 1000 플러스 프로젝트 |
| | 99 | 팁스(TIPS) |
| | 100 | 민관협력 오픈이노베이션 지원 |
| | 101 | K-스타트업 그랜드챌린지 |
| | 102 | 글로벌 액셀러레이팅 지원사업 |
| | 103 | K-스타트업센터(KSC) |
| | 104 | 글로벌 기업 협업 프로그램 |
| | 105 | 공공기술 창업사업화 지원사업 |
| | 106 | 생애최초 청년창업 지원사업 |
| | 107 | 청년창업사관학교 |
| | 108 | 글로벌창업사관학교 |
| | 109 | 스타트업 AI 기술인력 양성 |
| | 110 | 해외인력 취업매칭 지원 |

| 지원분야 | 연번 | 사업명 |
|---|---|---|
| 창업 | 111 | 아기유니콘 육성사업 |
| | 112 | 청소년 비즈쿨 |
| | 113 | 창업에듀 |
| | 114 | 도전! K-스타트업 |
| | 115 | 스타트업 해외전시회 지원 |
| | 116 | 온라인 법인설립 시스템 |
| | 117 | 창업기업 확인(창업기업제품 공공구매제도) |
| | 118 | 창업지원포털(K-Startup) |
| | 119 | 창조경제혁신센터 |
| | 120 | 창업존 운영 |
| | 121 | 중장년 기술창업센터 |
| | 122 | 1인 창조기업 활성화 지원사업 |
| | 123 | 메이커 활성화 지원 |
| | 124 | 창업보육센터 지원사업 |
| 재도전 | 125 | 재도약지원자금 |
| | 126 | 진로제시 컨설팅 |
| | 127 | 회생 컨설팅 |
| | 128 | 선제적 자율구조개선 프로그램 |
| | 129 | 구조혁신지원사업 |
| 소상공인 | 130 | 소상공인 언·컨택트 교육 |
| | 131 | 상권정보시스템 |
| | 132 | 신사업창업사관학교 |
| | 133 | 강한 소상공인 성장지원 |
| | 134 | 로컬크리에이터 육성 |
| | 135 | 로컬브랜드 창출 |
| | 136 | 소상공인 컨설팅 지원 |
| | 137 | 소상공인 무료법률구조 사업 |
| | 138 | 소상공인 협업 활성화 사업 |
| | 139 | 소공인지원센터 설치·운영 |
| | 140 | 소공인 판로개척 지원 |

| 지원분야 | 연번 | 사업명 |
|---|---|---|
| 소상공인 | 141 | 스마트공방 기술보급 |
| | 142 | 소공인 클린제조환경 조성 |
| | 143 | 소상공인 불공정피해 상담센터 운영 |
| | 144 | 소상공인 온라인 판로지원 |
| | 145 | 소상공인 스마트상점 기술보급 |
| | 146 | 동네상권발전소 지원사업 |
| | 147 | 희망리턴패키지 |
| | 147 | 자영업자 고용보험료 지원 사업 |
| | 148 | 소기업·소상공인공제(노란우산공제) |
| | 149 | 일반경영안정자금 |
| | 150 | 특별경영안정자금 |
| | 151 | 성장기반자금 |
| 전통시장 | 152 | 전통시장 주차환경개선사업 |
| | 153 | 전통시장 노후전선 정비사업 |
| | 154 | 시장경영패키지 지원 |
| | 155 | 온누리상품권 발행 |
| | 156 | 특성화시장 육성사업 |
| | 157 | 복합청년몰 조성 및 활성화 |
| | 158 | 전통시장 화재공제 |
| | 159 | 전통시장 화재안전점검 |
| | 160 | 전통시장 화재알림시설 설치사업 |
| 보증 | 161 | 소기업·소상공인 등 신용보증지원 |
| | 162 | 영세관광사업자 금융지원 협약보증 |
| | 163 | 재해중소기업 특례보증 |
| | 164 | 장애인기업 특례보증 |
| | 165 | 사회적 경제기업 특례보증 |
| | 166 | 스마트소공인 육성 협약보증 |
| | 167 | 외식업·전통시장 활성화 지원 협약보증 |
| | 168 | 온[溫, ON]택트 특례보증 |
| | 169 | 햇살론(자영업자) 신용보증 |
| 기업애로 | 170 | 중소기업 옴부즈만 |
| | 171 | 원스톱 기업애로종합지원 |

| 지원분야 | 연번 | 사업명 |
|---|---|---|
| 동반성장 | 172 | 거래 공정화 |
| | 173 | 성과공유제 |
| | 174 | 상생누리 플랫폼 운영 |
| | 175 | 상생결제제도 |
| 제도 | 176 | 명문(名門)장수기업 확인제도 |
| | 177 | 이노비즈 확인제도 |
| | 178 | 메인비즈 확인제도 |
| | 179 | 경영혁신 마일리지 제도 |
| | 180 | 기술자료 임치제도 |
| | 181 | 벤처기업 확인제도 |

## 2) 기업마당

중소벤처기업부, 중앙부처, 지방자치단체 등 중소기업 지원기관에서 기관별 특성에 따라 다양하게 시행하고 있는 중소기업시책에 관한 자세한 내용은 중소기업 지원 정책정보 포털(기업마당, bizinfo)에서 검색할 수 있다. 기업마당에서는 정부부처, 지자체, 유관기관 등 540여개 기관에서 운영하는 중소기업 지원 정책정보를 한 곳에 모아 적시에 제공한다.

# 3. 중소기업의 형태

중소기업의 기준은 중소기업기본법 시행령에 따라 정해진 것으로, 기업의 주된 업종에 따라 3년 평균매출액을 기준으로 중기업과 소기업을 구분한다. 다만, 공정거래법 제31조 제1항에 따른 공시대상기업집단에 속하는 회사 또는 공정거래법 제33조에 따라 공시대상기업집단의 소속회사로 편입·통지된 것으로 보는 회사는 제외한다(중기법 제2조 제1항 단서). 공정거래위원회는 공시대상기업집단과 상호출자제한기업집단을 지정하고 있는데, 공정거래위원회가 공시하는 기업집단이 소위 말하는 대기업이다. 따라서 대기업이 자회사를 설립하더라도 중소기업으로 보지 않는 것이다.

| 구분 | 공시대상기업집단 | 상호출자제한기업집단 |
|---|---|---|
| 자산 기준 | 5조 원 이상 | 10.4조 원 이상 |
| 규제 범위 | 공시의무 중심 | 상호출자 및 채무보증 제한 포함 |
| 목적 | 투명성 확보 | 경제력 집중 방지 |
| 예시 기업 | 하이브(HYBE) | 삼성, 현대자동차, SK, LG |

- 2024년부터 상호출자제한기업집단 지정기준이 기존 10조 원에서 명목 국내총생산액(GDP)의 0.5% 이상으로 변경됨에 따라 자산총액 10.4조 원 이상인 기업집단을 상호출자제한기업집단으로 한다(공정거래법 제38조 제2항).

중소기업기본법은 중소기업시책의 대상이 되는 유형을 열거하고 있다(중기법 제2조).

## 1) 영리기업

상행위나 그 밖의 영리를 목적으로 하여 설립한 법인을 말한다. 회사는 합명회사, 합자회사, 유한책임회사, 주식회사, 유한회사의 다섯 가지 형태로 구분된다(상법 제169조 및 제170조).

## 2) 사회적기업

취약계층에게 사회서비스 또는 일자리를 제공하거나 지역사회에 공헌함으로써 지역주민의 삶의 질을 높이는 등의 사회적 목적을 추구하면서 재화 및 서비스의 생산·판매 등 영업활동을 하는 기업으로서 사회적기업의 인증요건을 갖추어 고용노동부장관의 인정을 받은 자를 말한다(사회적기업 육성법 제2조 제1호 및 제7조 제1항).

## 3) 협동조합

재화 또는 용역의 구매·생산·판매·제공 등을 협동으로 영위함으로써 조합원의 권익을 향상하고 지역사회에 공헌하고자 하는 사업조직을 말한다(협동조합기본법 제2조 제1항).

| 항목 | 영리기업 | 사회적기업 | 협동조합 |
|---|---|---|---|
| 근거법 | 상법 | 사회적기업 육성법 | 협동조합 기본법 |
| 등기의무 | 설립 후 반드시 법인등기 필요 | 설립 후 법인등기 필요 | 설립신고 후 법인등기 필요 |
| 설립방법 | 자본금을 모아 주식 발행 후 등기 | 사회적 목적 명시 및 고용 요건 충족 | 최소 5명의 발기인이 창립총회 및 정관 작성 후 설립신고 |

| 항목 | 영리기업 | 사회적기업 | 협동조합 |
|---|---|---|---|
| 예시 | 삼성전자,<br>현대자동차 등 | 아름다운가게,<br>행복나래 등 | 신나는조합<br>(협동조합) |
| 목적 | 투자자 이익 극대화 | 사회적 가치 실현과<br>취약계층 지원 | 조합원의<br>상부상조와<br>공동 이익 |
| 이익 배분<br>방식 | 주식 보유 비율에<br>따라 배당 | 사회적 가치 실현을<br>위한 재투자 우선 | 조합원 이용 실적에<br>따라 배분 |

영리기업은 이윤 추구에 중점을 두고, 사회적기업은 공익성과 사회적 목적을 최우선으로 하며, 협동조합은 조합원과 지역사회의 공동 이익을 목적으로 한다.

## ④. 중소기업과 소기업

중소기업은 소기업(小企業)과 중기업(中企業)으로 구분된다. 소기업(小企業)은 중소기업 중 해당 기업이 영위하는 주된 업종별 평균매출액 등이 중기령 별표 3의 기준에 맞는 기업을 말하며, 중기업은 중소기업 중 소기업을 제외한 기업을 말한다(중기법 제2조 제2항 및 중기령 제8조 제1항).

### 1) 평균매출액에 따른 구분

| 해당 기업의 주된 업종 | 분류기호 | 중기업 평균매출액 | 소기업 평균매출액 |
|---|---|---|---|
| 농업, 임업 및 어업 | A | 1,000억 원 이하 | 80억 원 이하 |
| 광업 | B | 1,000억 원 이하 | 80억 원 이하 |
| 식료품 제조업 | C10 | 1,000억 원 이하 | 120억 원 이하 |

| 해당 기업의 주된 업종 | 분류기호 | 중기업 평균매출액 | 소기업 평균매출액 |
|---|---|---|---|
| 음료 제조업 | C11 | 800억 원 이하 | 120억 원 이하 |
| 담배 제조업 | C12 | 1,000억 원 이하 | 80억 원 이하 |
| 섬유제품 제조업(의복 제조업은 제외한다) | C13 | 1,000억 원 이하 | 80억 원 이하 |
| 의복, 의복액세서리 및 모피제품 제조업 | C14 | 1,500억 원 이하 | 120억 원 이하 |
| 가죽, 가방 및 신발 제조업 | C15 | 1,500억 원 이하 | 120억 원 이하 |
| 목재 및 나무제품 제조업(가구 제조업은 제외한다) | C16 | 1,000억 원 이하 | 80억 원 이하 |
| 펄프, 종이 및 종이제품 제조업 | C17 | 1,500억 원 이하 | 80억 원 이하 |
| 인쇄 및 기록매체 복제업 | C18 | 800억 원 이하 | 80억 원 이하 |
| 코크스, 연탄 및 석유정제품 제조업 | C19 | 1,000억 원 이하 | 120억 원 이하 |
| 화학물질 및 화학제품 제조업(의약품 제조업은 제외한다) | C20 | 1,000억 원 이하 | 120억 원 이하 |
| 의료용 물질 및 의약품 제조업 | C21 | 800억 원 이하 | 120억 원 이하 |
| 고무제품 및 플라스틱제품 제조업 | C22 | 1,000억 원 이하 | 80억 원 이하 |
| 비금속 광물제품 제조업 | C23 | 800억 원 이하 | 120억 원 이하 |
| 1차 금속 제조업 | C24 | 1,500억 원 이하 | 120억 원 이하 |
| 금속가공제품 제조업(기계 및 가구 제조업은 제외한다) | C25 | 1,000억 원 이하 | 120억 원 이하 |
| 전자부품, 컴퓨터, 영상, 음향 및 통신장비 제조업 | C26 | 1,000억 원 이하 | 120억 원 이하 |
| 의료, 정밀, 광학기기 및 시계 제조업 | C27 | 800억 원 이하 | 80억 원 이하 |

| 해당 기업의 주된 업종 | 분류기호 | 중기업 평균매출액 | 소기업 평균매출액 |
|---|---|---|---|
| 전기장비 제조업 | C28 | 1,500억 원 이하 | 120억 원 이하 |
| 그 밖의 기계 및 장비 제조업 | C29 | 1,000억 원 이하 | 120억 원 이하 |
| 자동차 및 트레일러 제조업 | C30 | 1,000억 원 이하 | 120억 원 이하 |
| 그 밖의 운송장비 제조업 | C31 | 1,000억 원 이하 | 80억 원 이하 |
| 가구 제조업 | C32 | 1,500억 원 이하 | 120억 원 이하 |
| 그 밖의 제품 제조업 | C33 | 800억 원 이하 | 80억 원 이하 |
| 산업용 기계 및 장비 수리업 | C34 | 600억 원 이하 | 10억 원 이하 |
| 전기, 가스, 증기 및 공기조절 공급업 | D | 1,000억 원 이하 | 120억 원 이하 |
| 수도, 하수 및 폐기물 처리, 원료재생업 (수도업은 제외한다) | E(E36 제외) | 800억 원 이하 | 30억 원 이하 |
| 수도업 | E36 | 1,000억 원 이하 | 120억 원 이하 |
| 건설업 | F | 1,000억 원 이하 | 80억 원 이하 |
| 도매 및 소매업 | G | 1,000억 원 이하 | 50억 원 이하 |
| 운수 및 창고업 | H | 800억 원 이하 | 80억 원 이하 |
| 숙박 및 음식점업 | I | 400억 원 이하 | 10억 원 이하 |
| 정보통신업 | J | 800억 원 이하 | 50억 원 이하 |
| 금융 및 보험업 | K | 400억 원 이하 | 80억 원 이하 |
| 부동산업 | L | 400억 원 이하 | 30억 원 이하 |
| 전문, 과학 및 기술 서비스업 | M | 600억 원 이하 | 30억 원 이하 |
| 사업시설관리, 사업지원 및 임대 서비스업 (임대업은 제외한다) | N(N76 제외) | 600억 원 이하 | 30억 원 이하 |
| 임대업 | N76 | 400억 원 이하 | 30억 원 이하 |

| 해당 기업의 주된 업종 | 분류기호 | 중기업 평균매출액 | 소기업 평균매출액 |
|---|---|---|---|
| 교육 서비스업 | P | 400억 원 이하 | 10억 원 이하 |
| 보건업 및 사회복지 서비스업 | Q | 600억 원 이하 | 10억 원 이하 |
| 예술, 스포츠 및 여가 관련 서비스업 | R | 600억 원 이하 | 30억 원 이하 |
| 수리(修理) 및 기타 개인 서비스업 | S | 600억 원 이하 | 10억 원 이하 |

분류코드는 한국표준산업분류(KSIC)로, 통계청이 경제 활동을 체계적으로 분류하여 정책 수립, 연구 및 통계 작성을 목적으로 운영하는 산업 분류체계이다. 대분류가 알파벳 1자리이고 이후 중분류부터 세세분류까지 5자리 숫자로 구성된다.

| 구분 | 표시 형식 | 예시 | 설명 |
|---|---|---|---|
| 대분류 | 알파벳 1자 | C | 제조업 등 21개 |
| 중분류 | 숫자 2자리 | 10 | 식료품 제조업 등 |
| 소분류 | 숫자 3자리 | 101 | 육류 가공 및 저장처리업 등 |
| 세분류 | 숫자 4자리 | 1012 | 육류 가공업 등 |
| 세세분류 | 숫자 5자리 | 10129 | 소시지 제조업 등 |

- 대분류는 총 21개이며, A~U까지 알파벳으로 분류한다.
- 세세분류는 가장 구체적인 산업활동 단위로, 사업자 등록 시 업종코드(업태·종목)의 기초가 된다.

## 2) 중기업과 소기업을 구분하는 이유

중기업과 소기업은 규모와 필요에 따라 지원내용이 다르게 설계된다. 중소기업이 지원의 대상이 되는 것은 동일하나, 소기업은 초기창업을 위한 자금 및 멘토링 지원에 방점이 있고, 중기업은 스마트공장 구축 및 연구개발을 통한 글로벌 강소기업 육성에 초첨이 있다.

중기업과 소기업을 대상으로 한 주요 지원사업 및 조세특례를 비교하면 아래와 같다.

| 항목 | 소기업 지원 | 중기업 지원 |
|---|---|---|
| 기술혁신 지원사업 | 중소기업 기술혁신지원사업(KOSBIR): 신기술 및 신제품 개발을 위한 연구개발비 지원. 소규모 R&D 프로젝트, 기술 이전 및 상용화 지원 | 스마트 제조혁신 지원사업: 대규모 스마트 공장 구축 및 첨단 기술 개발 지원. 대규모 R&D 프로젝트, 글로벌 기술 협력 지원 |
| 창업 및 성장 지원사업 | 창업성장기술 개발사업: 창업 초기 기업을 위한 자금 및 멘토링 제공. 창업 지원금, 창업 공간 제공 | 글로벌 강소기업 육성사업: 해외 진출과 글로벌 경쟁력 강화를 위한 지원. 해외 전시회 참가비 지원, 글로벌 마케팅 지원 |
| 조세특례 | – 창업중소기업 세액감면: 창업 후 5년간 법인세 및 소득세 감면<br>– 통합고용증대 세액공제: 신규 고용 창출 시 고용 인원당 법인세 및 소득세 공제 | – 통합투자세액공제: 대규모 설비 투자에 대한 세액 공제<br>– R&D 세액공제: 연구개발비 투자에 대한 세액 공제 제공 |
| 지식재산 (IP) 지원사업 | IP 바로지원사업: 특허 및 브랜드 구축을 위한 지원. 국내외 특허 출원 및 소규모 IP 컨설팅 지원 | IP 전략형 글로벌 진출 지원사업: 글로벌 IP 전략 수립 지원. 해외 특허 출원 및 글로벌 IP 포트폴리오 구축 지원 |

| 항목 | 소기업 지원 | 중기업 지원 |
|---|---|---|
| 수출 및 해외 진출 | 수출초보기업 지원사업: 해외 시장 진입을 위한 초기 단계 지원. 수출 바우처 제공, 현지 시장 조사 지원 | 글로벌 수출기업 육성사업: 해외 진출 경험이 있는 기업의 확장 지원. 해외 인증, 전문 컨설팅, 현지 법인 설립 지원 |
| 스마트화 지원 | 소기업 디지털화 지원사업: 기본적인 디지털 전환 기술 도입 지원. 디지털 솔루션 구축 비용 일부 지원 | 중기업 스마트 공장 지원사업: 고도화된 자동화 및 디지털 기술 도입 지원. AI 및 IoT 기반 생산 시스템 도입 지원 |

## 3) 중소기업이 커지면..

중소기업 외에도 다양한 기업이 있다. 기업의 규모에 따라 소기업, 중기업, 중견기업, 대기업으로 나눌 수 있다.

| 구분 | 대기업 | 중견기업 | 중소기업 | |
|---|---|---|---|---|
| | | | 중기업 | 소기업 |
| 기준 | 자산총액 5조 원 이상 (공시대상 기업집단) 또는 10조 원 이상 (상호출자제한 기업집단) | 중소기업 기준 초과, 대기업 기준 미달 | 중소기업 중 소기업 기준 초과 | 업종별 평균매출액 기준 이하 |
| 사례 | 삼성전자, 현대자동차 | 오뚜기, 하림 | 국순당 | 이안컨설팅 |
| 지원 | - 정부 지원 없음 <br> - 공정거래법 규제 대상 | - 기술 개발 및 해외 진출 지원 <br> - 규제 완화 | - 스마트 공장 구축 지원 <br> - 연구개발 (R&D) 지원 | - 창업 지원금 <br> - 저리 융자 <br> - 고용 지원금 |

# 5. 중소기업 적용대상 및 요건

## 1) 규모기준

### ① 주된 업종별 평균매출액 또는 연간매출액 기준

중소기업에 해당하려면 해당 기업이 영위하는 주된 업종과 해당 기업의 평균매출액 또는 연간매출액(이하 "평균매출액 등"이라 함)이 일정한 기준을 충족해야 한다(중기법 제2조 제1항 제1호 가목, 중기령 제3조 제1항 제1호 가목).

- 주된 업종별 평균매출액 등의 중소기업규모 기준은 중기령 별표1에서 확인할 수 있다.

- 평균매출액 등의 산정방법: "평균매출액 등"을 산정하는 경우 매출액은 일반적으로 공정·타당하다고 인정되는 회계관행(이하 "회계관행"이라 함)에 따라 작성한 손익계산서상의 매출액을 말한다. 다만, 업종의 특성에 따라 매출액에 준하는 영업수익 등을 사용하는 경우에는 영업수익 등을 말한다(중기령 제7조 제1항).

- 주된 업종의 기준: 하나의 기업이 둘 이상의 서로 다른 업종을 영위하는 경우에는 평균매출액 등의 비중이 가장 큰 업종을 주된 업종으로 본다(중기령 제4조 제1항).

② 상한기준

중소기업에 해당하려면 위 업종별 규모기준 외에도 업종에 관계없이 자산총액이 5천억 원 미만이어야 한다. 따라서 자산총액이 5천억 원 이상인 기업은 중소기업의 범위에서 제외된다(중기법 제2조 제1항 제1호 가목 및 중기령 제3조 제1항 제1호 나목 참조).

- 자산총액의 구체적 기준: 위 자산총액은 회계관행에 따라 작성한 직전 사업연도 말일 현재 재무상태표상의 자산총계로 한다(중기령 제7조의2 제1항). 해당 사업연도에 창업하거나 합병 또는 분할한 기업의 경우에는 창업일이나 합병일 또는 분할일 현재의 자산총액으로 한다(중기령 제7조의2 제2항).

2) 독립성기준(개인사업자에게는 미적용)

① 자산총액 5천억 원 이상인 기업이 30% 이상 출자한 기업이 아닐 것

자산총액이 5천억 원 이상인 법인(외국법인을 포함하되, 비영리법인 및 벤처투자회사 등은 제외함)이 해당 기업의 주식 등을 30% 이상 직접적 또는 간접적으로 소유(특수관계인 포함)하고 최대출자자가 되는 경우에는 해당 기업의 규모와 관계없이 중소기업에 해당하지 않는다(중기법 제2조 제1항 제1호 나목, 중기령 제3조 제1항 제2호 나목, 제3조의2 제3항 및 「중소기업 범위 및 확인에 관한 규정」).

- "주식 등"이란 주식회사의 경우에는 발행주식(의결권이 없는 주식은 제외함)총수, 주식회사 외의 기업인 경우에는 출자총액을 말한다(중기령 제2조 제4호).

- 특수관계인의 범위는 다음과 같다(중기령 제3조 제1항 제2호 나목 및 제2조 제5호·제6호).

| 구분 | 비 고 |
|---|---|
| 주식 등을 소유한 자가 법인인 경우 | 그 법인의 임원("임원"이란 주식회사 또는 유한회사의 경우 등기된 이사(사외이사는 제외함)를 말하고, 주식회사 또는 유한회사 외의 기업은 무한책임사원 또는 업무집행자를 말한다) |
| 주식 등을 소유한 자가 개인인 경우 | 그 개인의 배우자(사실상 혼인관계에 있는 자를 포함함), 6촌 이내의 혈족 및 4촌 이내의 인척 |

② 관계기업에 속하는 기업이 아닐 것

　"관계기업"이란 외부감사의 대상이 되는 기업이 다른 국내기업을 지배함으로써 지배 또는 종속의 관계에 있는 기업의 집단을 말한다(중기령 제2조 제3호). 주권상장법인이 외감법에 따라 연결재무제표를 작성하여야 하는 기업은 관계기업으로 본다. 관계기업에 속하는 기업의 경우 관계기업의 평균매출액 등이 중소기업 업종별 규모기준에 맞지 않는 기업이면 중소기업에 해당하지 않는다(중기령 제3조 제1항 제2호 다목, 제7조의4 및 별표 1).

| 관계 | 지배회사(모회사)의 지분율 | 관계기업의 평균매출액 등 |
|---|---|---|
| 형식적 지배 | 30% 이상 50% 미만 | 종속기업의 매출액 100% 합산 |
| 실질적 지배 | 50% 이상 | 종속기업의 매출액 지분율만큼 합산 |

• 관계기업에서의 주된 업종의 기준

관계기업의 경우 지배기업과 종속기업 중 평균매출액 등이 큰 기업의 주된 업종을 지배기업과 종속기업의 주된 업종으로 본다 (중기령 제4조 제2항).

## ⚡TIP 중소기업 기준 2015년 이후 달라진 점

① **업종별 규모기준**

(종전) 상시 근로자 수, 자본금/매출액 중 하나만 충족 → (개정) 매출액 단일 기준

② **대상확대**

• 중소기업 범위에 사회적 협동조합 및 사회적협동조합연합회 추가(중기법 제2조 제1항 제3호)
• 자산총액 5천억 원 이상인 비영리법인이 최대출자자인 기업의 경우에도 요건에 충족하면 중소기업에 포함(중기령 제3조 제1항 제2호 나목)

③ **유예 제외 조항에서 삭제(유예 가능으로 변경)**

• 자산총액이 5천억 원 이상인 법인이 최대출자자로서 중소기업의 주식등의 100분의 30 이상을 인수한 경우에도 3년간 피인수기업을 중소기업에 포함(중소기업기본법 시행령 제9조 제2호)
• 중소기업이 유예기간에 있는 중소기업을 흡수 합병한 경우 잔여 유예기간 인정(중기령 제9조 제1호)

④ **관계기업 판단 시점**
- 관계기업으로 인해 중소기업에서 제외된 기업 중, 직전 사업연도 말일 이후 주식 등의 소유현황 변경으로 중소기업에 해당하게 된 경우에는 주식 등의 소유현황의 변경일을 기준으로 관계기업 여부 판단(중기령 제3조의 2 제2항 제2호)

## 6. 중소기업의 확인

### 1) 중소기업 확인자료의 제출

정부의 중소기업육성을 위한 각종 지원 등("중소기업시책"이라 함)을 받으려는 중소기업자는 자신이 영위하는 기업이 중소기업에 해당하는 지를 확인할 수 있는 자료를 중소기업시책을 실시하는 중앙행정기관 및 지방자치단체에 제출해야 한다(중기법 제27조 제1항).

- 중소기업자가 아닌 자로서 위에 따른 자료를 거짓으로 제출하여 중소기업시책에 참여한 경우에는 500만 원 이하의 과태료가 부과된다(중기법 제28조 제1항).

### 2) 중소기업 확인시스템 이용

중소벤처기업부에서는 중소기업 확인시스템인 중소기업 현황 정보시스템(sminfo.mss.go.kr)을 운영하고 있으며, 이를 통해 본인 기업이 중소기업에 해당하는지 여부를 확인할 수 있다.

중소기업 여부를 확인하려는 경우에는 필수서류(기업정보등록 신청서, 사업자등록증 사본, 법인등기사항전부증명서, 원천징수이행상황신고서, 기업부설연구소 수리결과통보서, 주식등변동상황명세서, 주주명부, 최근 3개년 재무제표, 관계기업 자료제출 내역 및 관계기업서류 등)를 직접 제출하거나, 또는 중소기업 현황 정보시스템에 회원 가입하여, 관련 정보를 입력한 후 본인 기업의 중소기업 여부를 확인할 수 있다.

- 조특법은 중기법과 중소기업 기준이 다르므로 동 시스템의 결과를 그대로 적용할 수 없다.

### 3) 중소기업 여부의 적용기간 등

중소기업 여부의 적용기간은 직전 사업연도 말일에서 3개월이 경과한 날부터 1년간으로 한다(중기령 제3조의3 제1항 본문). 다만, 중기령 제3조 제1항 제2호 다목에 해당하여 중소기업에서 제외된 기업이 직전 사업연도 말일이 지난 후 주식 등의 소유현황이 변경되어 중소기업에 해당하게 된 경우 중소기업 여부의 적용기간은 그 변경일부터 해당 사업연도 말일에서 3개월이 지난 날까지로 한다(중기령 제3조의3 제1항 단서).

### 4) 중소기업 판단의 유예

　중소기업이 그 규모의 확대 등으로 더 이상 중소기업에 해당하지 않게 된 경우라도 다음의 어느 하나에 해당하는 사유로 중소기업에 해당하지 않게 된 경우가 아니라면, 해당 기업이 중소기업 지원혜택의 중단 등에 따른 경영환경 변화에 대비할 수 있도록 그 사유가 발생한 연도의 다음 연도부터 5년간은 중소기업으로 본다(중기법 제2조 제3항 및 중기령 제9조).

　① 중소기업으로 보는 유예기간 중에 있는 기업을 흡수 합병한 경우로서 중소기업으로 보는 기간 중에 있는 기업이 당초 중소기업에 해당하지 않게 된 사유가 발생한 연도의 다음 연도부터 5년이 지난 경우

　② 공시대상기업집단에 속하는 회사 또는 공시대상기업집단의 소속회사로 편입·통지된 것으로 보는 회사

　③ 중기법 제2조 제3항 본문에 따라 중소기업으로 보았던 기업이 중기법 제2조 제1항에 따른 중소기업이 되었다가 그 평균매출액 등의 증가 등으로 다시 중소기업에 해당하지 않게 된 경우

## 1. 조특법에 따른 중소기업의 범위

조특법에 따라 중소기업에 대한 세제 혜택을 받기 위해서는 중기법에 따른 중소기업의 요건과는 별도로 조특법에 따른 아래의 규모기준, 독립성기준, 업종기준 및 상한기준 등을 만족해야 한다.

### 1) 규모기준

조특법에 따른 중소기업은 매출액이 중기령 별표 1에 따른 업종별 규모기준(업종별 규모의 "평균매출액 등"은 "매출액"으로 본다) 이내이어야 한다(조특령 제2조 제1항 제1호 및 중기령 제3조 제1항 제1호 및 별표 1).

• 조특법에 따른 중소기업의 규모기준은 중기법에 따른 중소기업의 규모기준과 같으나, 중기법은 직전 3년 평균매출액으로 판단하고, 조특법은 당해연도 매출액으로 판단한다.

## 2) 독립성기준

조특법에 따른 중소기업은 실질적인 독립성이 중기령에 따른 독립성기준에 적합해야 한다(조특령 제2조 제1항 제3호 전단).

조특법에 따른 중소기업의 독립성기준은 중기법에 따른 중소기업의 규모기준과 같다.

## 3) 업종기준

조특법에 따른 중소기업은 부동산임대업(2025.2.28. 개정) 및 다음의 어느 하나에 해당하는 소비성서비스업을 주된 사업으로 영위하면 안 된다(조특령 제2조 제1항 제4호 및 제29조 제3항).

① 호텔업 및 여관업(관광진흥법에 따른 관광숙박업은 제외)

② 주점업(일반유흥주점업, 무도유흥주점업 및 「식품위생법 시행령」 제21조에 따른 단란주점 영업만 해당하며, 관광진흥법에 따른 외국인 전용 유흥음식점업 및 관광유흥음식점업은 제외)

③ 그밖에 오락·유흥 등을 목적으로 하는 사업으로서 조특칙으로 정하는 사업

소비성서비스업은 중기법상 중소기업이 될 수 있으나, 중소기업창업법의 창업 업종에는 해당하지 않고(중소기업창업법 제5조 제1

항 및 중소기업창업법 시행령 제4조), 조세특례제한법상 중소기업 업종에 해당하지 않으므로 일부 중소기업시책과 조세특례에서 제외된다.

- 부동산임대업은 2025년부터 조세특례제한법상 중소기업에 해당하지 않는다.

## 4) 상한기준

위 업종기준, 규모기준, 독립성기준을 충족하더라도 자산총액이 5천억 원 이상인 경우에는 조특법에 따른 중소기업으로 보지 않는다(조특령 제2조 제1항).

조특법에 따른 중소기업의 상한기준은 중기법에 따른 중소기업의 규모기준과 같다.

## 5) 유예적용 대상 및 방법

① 법령의 개정으로 새로이 중소기업에 해당하게 되는 경우: 중소기업 해당 여부를 판단할 때 기업이 중기법의 개정으로 새로이 중소기업에 해당하게 되는 경우에는 그 사유가 발생한 날이 속하는 과세연도부터 중소기업으로 보고, 중소기업에 해당하지 않게 되는 때에는 그 사유가 발생한 날이 속하는 과세연도와 그 다음 3개 과세연도까지 중소기업으로 본다(조특령 제2조 제5항).

② 중소기업 규모의 확대 및 초과되는 경우: 중소기업 해당 여부를 판단함에 있어서 중소기업이 그 규모의 확대 등으로 매출액 등이 업종별 규모 기준을 초과하거나 실질적인 독립성 요건을 갖추지 못하여 (중기령 제3조 제1항 제2호 다목의 규정으로 한정함) 중소기업에 해당하지 않게 된 경우에는 최초로 그 사유가 발생한 날이 속하는 과세연도와 그 다음 5개 과세연도(최초로 그 사유가 발생한 날이 속하는 과세연도의 종료일부터 5년이 되는 날이 속하는 과세연도의 종료일 현재 해당 기업이 자본시장법에 따른 유가증권시장 또는 코스닥시장에 상장되어 있는 경우에는 7개 과세연도)까지는 이를 중소기업으로 보고, 이 기간(이하 "유예기간"이라 함)이 경과한 후에는 과세연도별로 조특령 제2조 제1항에 따라 중소기업 해당 여부를 판정한다(조특령 제2조 제2항 본문).

6) 유예기간 적용 제외

중소기업이 다음의 어느 하나의 사유로 중소기업에 해당하지 않게 된 경우에는 유예기간을 적용하지 않는다(조특령 제2조 제2항 단서).

① 중기법에 따른 중소기업 외의 기업과 합병하는 경우

② 유예기간 중에 있는 기업과 합병하는 경우(유예기간 중에 있는 기업에 대해서는 합병일이 속하는 과세연도부터 유예기간을 적용하지 않음)

③ 독립성기준(중기령 제3조 제1항 제2호 다목의 규정은 제외함)의
　 요건을 갖추지 못하게 된 경우

• 이는 중기법상 자산총액이 5천억 원 이상인 법인이 최대출자자
　 로서 중소기업의 주식 등의 100분의 30 이상을 인수한 경우에
　 도 3년간 피인수기업을 중소기업에 포함(중소기업기본법 시행
　 령 제9조 제2호)하는 것과 차이가 있다.

④ 창업일이 속하는 과세연도 종료일부터 2년 이내의 과세연도 종료
　 일 현재 중소기업 기준을 초과하는 경우

# 2. 중소기업에 대한 조세특례

## 1) 창업 및 벤처기업 지원

| 구분 | 지원내용 |
|---|---|
| 창업중소기업 등에 대한 법인세(소득세) 감면, 취득세·등록면허세·재산세 면제 및 감면 | 창업 후(벤처기업 확인 후) 법인세(소득세), 취득세, 재산세, 등록면허세를 일정 기간 동안 일정 비율 감면 |
| 창투사 등의 주식양도 차익 등에 대한 비과세 | 창투사 등이 출자한 주식 등의 양도차익에 대한 법인세 및 지급받은 양도소득에 대한 법인세 면제 |
| 창투사 등의 벤처기업 등에의 출자에 대한 세액공제 | 창투사 등이 출자한 주식 등의 양도차익에 대한 법인세 및 지급받은 양도소득에 대한 법인세 면제 |
| 소재·부품·장비 전문기업에 공동투자 시 세액공제 | 둘 이상의 내국법인이 공동으로 소재부품 등 전문기업에 출자시 법인세액 공제 |
| 창투사 등의 소재부품장비 전문기업 주식양도차익 등에 대한 비과세 | 창투사 등이 출자한 주식 등의 양도차익에 대한 법인세 및 지급받은 양도소득에 대한 법인세 면제 |
| 창투사 등에의 출자에 대한 과세특례 | 창투사 등에 출자한 주식 등의 양도차익에 대한 양도소득세 면제 |
| 배당소득 과세특례 | 중소기업창업투자조합 등이 창업자 등에 출자하여 발생한 배당소득은 당해 조합이 조합원에게 그 소득을 지급하는 때에 배당소득세 원천징수 |
| 주식매수선택권에 행사이익 비과세 특례 | 비상장 벤처기업의 임직원이 부여받은 주식매수선택권 행사시 연 3천만 원 이내의 금액은 소득세 비과세 |
| 벤처기업주식매수선택권 행사이익 납부특례 | 벤처기업의 임직원이 벤처기업으로부터 받은 주식매수선택권을 행사시 이익에 대한 소득세의 비과세 초과분은 분할납부 가능 |
| 주식매수선택권 행사이익에 대한 과세특례 | 벤처기업 임직원이 벤처기업으로부터 부여받은 주식매수선택권을 행사시 이익은 근로소득 또는 기타소득이 아닌 주식 양도소득으로 과세 |

| 구분 | 지원내용 |
|---|---|
| 산업재산권 현물출자이익에 대한 과세특례 | 산업재산권을 벤처기업 등에 현물출자시 과세하지 않고 출자주식 양도시 양도소득세로 과세하는 방법 선택 허용 |
| 엔젤투자 등에 대한 소득공제 | 중소기업창업투자조합 등에 투자한 금액의 일부를 2년 내 종합소득금액에서 공제 |
| 증권거래세 면제 | 창투사 등이 창업자 등에게 출자하여 취득한 주식등 양도시 증권거래세 면제 |
| 창업자금에 대한 증여세 과세특례 (창업자금 사전상속) | 18세 이상 거주자가 중소기업 창업 목적으로 현금 등을 60세 이상의 부모로부터 증여받을 시 5억 원 공제와 10%의 낮은 세율 적용 |
| 벤처기업·창업보육센터 지방세 과세특례 | 벤처기업 및 벤처기업집적시설 등 벤처기업육성을 위해 취득한 부동산에 대한 취득세 및 재산세 감면 신기술창업집적지역 및 창업보육센터용 부동산과 입주자에 대한 취득세 및 재산세 감면 및 중과세율 적용배제 벤처기업집적시설 또는 산업기술단지에 입주하는 벤처기업은 중과세율 적용 배제 |
| 벤처기업과 전략적 제휴를 위한 비상장주식 교환에 대한 과세특례 | 비상장 벤처기업 주주가 벤처기업과 제휴법인의 주식을 교환하거나 현물출자하는 경우 발생하는 양도소득세를 과세이연 |
| 기업매각 후 벤처기업 등 재투자에 대한 과세특례 | 벤처기업 등 최대주주가 일정 비율 이상을 특수관계인 외의 자에게 양도하고 그 양도대금 중 50% 이상을 양도 후 1년 이내에 벤처기업 등에 재투자 한 경우 재투자주식을 양도할 때까지 양도소득세 과세이연 |
| 재기중소기업인의 체납액 등에 대한 과세특례 | 일정한 재기중소기업인의 체납세액에 대하여 체납 처분에 따른 재산의 압류나 압류재산의 매각을 유예 |

## 2) 중소기업 경영안정 지원

| 구분 | 지원내용 |
| --- | --- |
| 중소기업에 대한 특별세액 감면 | 일정한 업종을 영위하는 중소기업에 대하여 지역·규모에 따라 법인세(소득세) 세액감면 |
| 소기업·소상공인 공제부금에 대한 소득공제 | 소기업·소상공인 공제부금을 납부한 경우 납부액을 소득공제 |
| 상생결제 지급금액에 대한 세액공제 | 중소기업 및 중견기업에 상생결제제도를 통해 구매대금을 지급한 경우 일정금액을 세액공제 |
| 성실사업자 등에 대한 의료비, 교육비 및 월세액 세액공제 | 성실사업자 등에 대하여 의료비, 교육비 및 월세액을 근로자와 동일하게 세액공제 적용 |
| 성실신고 확인비용에 대한 세액공제 | 성실신고확인에 직접 사용한 비용을 소득세(법인세)에서 공제 |
| 접대비의 손금산입 | 중소기업에 대하여 세법상 손금으로 인정하는 접대비의 인정금액 한도 우대 |
| 결손금 소급공제에 따른 환급 | 중소기업이 사업에서 결손이 발생할 경우 직전연도 사업에 대한 법인세(소득세)를 납부하였을 경우에 결손금을 소급 공제하여 법인세(소득세) 환급 |
| 사회적기업에 대한 법인세(소득세) 감면 | 사회적기업에 대하여 5년간 법인세(소득세) 감면 |
| 장애인 표준사업장에 대한 법인세(소득세) 감면 | 장애인 표준사업장에 대하여 5년간 법인세(소득세) 감면 |
| 대손금의 손금산입 | 중소기업의 회수불능채권(대손금)을 조기에 손금인정 |
| 신용카드 등의 사용에 따른 세액공제 | 신용카드매출전표 등 발행금액의 1.3%를 부가가치세 납부세액에서 공제 |
| 면세농산물 등 의제매입세액 | 면세농산물 등에 대하여 세금계산서 없이도 일정한 금액을 매입세액으로 공제 |

## 3) 중소기업 투자촉진 지원

| 구분 | 지원내용 |
| --- | --- |
| 통합투자세액공제 | 내국인이 기계장치와 같은 설비자산을 구입하는 경우 그 투자금액에 대하여 세액공제 |
| 중소기업 투자세액공제 | 중소기업 및 중견기업을 경영하는 내국인이 기계장치와 같은 설비자산을 구입하는 경우 그 투자금액에 대하여 세액공제 (통합투자세액공제와 선택 적용) |
| 특정 시설 투자 등에 대한 세액공제 | 특정설비 시설에 투자하는 경우 투자금액에 대해 세액공제 (통합투자세액공제와 선택 적용) |
| 신성장기술 사업화를 위한 시설투자 세액공제 | 신성장기술 사업화 시설에 투자하는 경우 투자금액에 대하여 세액공제 (통합투자세액공제와 선택 적용) |
| 초연결 네트워크 구축을 위한 시설투자에 대한 세액공제 | 5세대 이동통신 – 5G 기지국 시설에 투자하는 금액에 대하여 세액공제 (통합투자세액공제와 선택 적용) |
| 영상콘텐츠 제작비용에 대한 세액공제 | 영상콘텐츠 제작을 위하여 국내 발생한 비용에 대한 세액공제 (통합투자세액공제로 통합대상 아님) |
| 해외진출기업 국내복귀에 대한 세액감면 | 해외진출 사업을 폐쇄 또는 축소하고 국내로 복귀하는 기업에 대하여 세액감면 |
| 설비투자자산의 감가상각비 손금산입 특례 | 설비투자자산 취득에 대한 감가상각 인정 |

## 4) 중소기업 연구·인력개발 지원

| 구분 | 지원내용 |
| --- | --- |
| 연구 및 인력개발비에 대한 세액공제 | 연구 및 인력개발을 위해 사용한 비용을 법인세(소득세)에서 공제 |
| 연구개발 관련 출연금 등의 과세특례 | 연구개발을 목적으로 출연금을 지급받고 구분 경리한 경우 손금산입 |
| 기술이전 및 취득금액에 대한 과세특례 | 특허권 등을 이전, 취득, 대여한 경우 법인세(소득세) 감면 또는 공제 |

| 구분 | 지원내용 |
|---|---|
| 연구개발특구에 입주하는 첨단기술기업 등에 대한 법인세(소득세) 감면 | 연구개발특구에 입주기업이 감면대상 업종인 경우 법인세(소득세) 세액감면 |
| 기술혁신형 합병에 대한 세액공제 | 내국법인이 기술혁신형 중소기업과 합병하는 경우 양도가액을 법인세에서 공제 |
| 기술혁신형 주식취득에 대한 세액공제 | 내국법인이 기술혁신형 중소기업주식 또는 출자지분을 취득한 경우 법인세에서 공제 |
| 외국인 기술자에 대한 소득세 감면 | 외국인 기술자가 국내에 근로를 제공한 경우 소득세 감면 |
| 연구개발지원을 위한 지방세 감면 | 기업부설 연구소에 사용하는 부동산의 취득세와 재산세 감면 |

## 5) 중소기업의 재무개선 및 구조조정 지원

| 구분 | 지원내용 |
|---|---|
| 중소기업 간 통합에 대한 세제지원 | 중소기업 간의 통합으로 인하여 소멸되는 중소기업이 사업용 고정자산을 통합법인에게 양도하는 경우 사업용 고정자산에 대한 양도소득세 이월과세 및 취득세 감면, 소멸법인의 잔존기간에 대한 감면승계 및 미공제 세액 승계 |
| 법인전환에 대한 양도소득세 이월과세 | 법인으로 전환함에 따라 현물출자 또는 사업 양수·양도한 사업용 고정자산에 대한 이월과세 및 취득세 감면, 소멸된 개인기업의 잔존기간에 대한 감면승계 및 미공제 세액 승계 |
| 사업전환 무역조정지원 기업에 대한 과세특례 | 무역조정지원기업이 업종전환을 위하여 종전 사업용 고정자산을 처분한 경우 개인은 양도소득세의 감면 또는 과세이연, 법인은 3년 거치 3년 분할 익금산입 |

## 6) 중소기업 지방이전 지원

| 구분 | 지원내용 |
|---|---|
| 수도권 밖으로 공장을 이전하는 기업에 대한 세액감면 | 수도권과밀억제권역에서 2년 이상 계속하여 공장시설을 갖추고 사업을 하는 중소기업이 수도권과밀억제권역 밖으로 공장시설을 전부 이전하는 경우 법인세(소득세) 감면 |
| 수도권 밖으로 본사를 이전하는 법인에 대한 세액감면 | 수도권과밀억제권역 내 공장 등을 수도권 외 지역 이전시 법인세 감면 |
| 공장의 대도시 밖 이전에 대한 법인세 과세특례 | 대도시 공장시설 건물과 대지를 양도하고 지방으로 공장을 이전하는 경우 양도차익 익금불산입 |
| 법인 본사 이전 양도차익에 대한 법인세 과세특례 | 수도권과밀억제권역 밖으로 이전하는 본점 또는 주사무소의 대지와 건물을 양도하는 내국법인의 경우 양도차익 익금불산입 |
| 중소기업 공장 이전에 대한 과세특례 | 2년 이상 계속하여 공장시설을 갖추고 사업을 하는 중소기업이 수도권과밀억제권역 외의 지역으로 공장을 이전하기 위하여 해당 공장의 대지와 건물을 양도함으로써 발생하는 양도차익에 대하여 익금불산입 또는 양도소득세 분할납부 |
| 농공단지 입주기업 등에 대한 세액감면 | 농공단지 등에 입주기업의 소득에 대해 법인세(소득세) 감면 |
| 농업회사법인에 대한 세제혜택 | 농업회사법인에 대한 법인세 면제 또는 5년간 법인세 50% 감면 및 농업인에 대한 양도소득세 면제, 이월과세 적용 등 |
| 법인의 지방 이전에 대한 지방세 감면 | 수도권과밀억제권역 외로 본점(주사무소) 이전하여 취득하는 부동산에 대한 취득세 면제, 재산세 면제 및 감면, 등록면허세 면제 등 |
| 공장의 지방 이전에 대한 지방세 감면 | 대도시에 있는 공장을 폐쇄하고 대도시 외의 지역으로 이전하여 취득하는 부동산에 대한 취득세 면제, 재산세 면제 및 감면 |
| 위기지역 내 중소기업 등에 대한 지방세 감면 | 고용위기지역, 고용재난지역, **산업위기대응특별지역으로** 기간 내 사업전환을 위하여 취득하는 부동산에 대하여 취득세와 재산세를 감면 |

## 7) 중소기업 고용촉진 지원

| 구분 | 지원내용 |
| --- | --- |
| 중소기업 취업자에 대한 소득세 감면 | 청년 등이 중소기업에 취업한 경우 근로소득에 대한 소득세 감면 |
| 고용유지중소기업 등에 대한 과세특례 | 고용을 유지한 중소기업에 대하여 법인세(소득세)에서 공제하고, 상시근로자는 근로소득금액에서 공제 |
| 중소기업 사회보험료 세액공제 | 고용증가 인원의 사회보험료를 고용이 증가한 중소기업의 법인세(소득세) 공제 |
| 산업수요 맞춤형 고등학교 졸업자를 복직시킨 기업에 대한 세액공제 | 산업수요 맞춤형 고등학교 졸업자가 복직된 경우 인건비를 기업의 소득세(법인세)에서 공제 |
| 정규직 근로자로의 전환에 따른 세액공제 | 기간제 근로자 등을 정규직 근로자로의 전환하는 경우 기업의 소득세(법인세) 공제 |
| 중소기업 핵심인력 성과보상기금 수령액에 대한 소득세 감면 | 중소기업 및 중견기업 청년근로자 및 핵심인력 관련 성과기금 설치 후 부담한 기여금을 손금으로 인정 |
| 경력단절 여성 재고용 기업 등에 대한 세액공제 | 경력단절 여성을 고용하는 기업에 대하여 소득세(법인세) 공제 |
| 근로소득 증대 세액공제 | 중소기업 및 중견기업이 임금을 증가시킨 경우 기업의 소득세(법인세) 공제 |
| 고용을 증대시킨 기업에 대한 세액공제 | 상시근로자를 증대시킨 기업의 소득세(법인세) 공제 |

## 8) 중소기업 가업상속 지원

| 구분 | 지원내용 |
| --- | --- |
| 가업상속공제 | 피상속인이 영위하던 가업을 상속인들이 승계할 수 있도록 상속세 부담을 경감시키기 위하여 일정한 금액을 상속세 과세가액에서 공제 |

| 구분 | 지원내용 |
|---|---|
| 가업상속에 대한 연부연납 | 가업상속재산에 대한 상속세의 경우 일반 상속세와 달리 일정한 거치기간을 허용하고, 분납기간을 연장하여 가업승계를 지원 |
| 가업의 승계(중소기업주식 사전상속)에 대한 증여세 과세특례 | 경제 활성화 및 기업경영의 영속성을 지원하기 위해 중소법인 경영자가 생전에 자녀에게 주식을 증여(사전상속)하여 가업을 승계하는 경우 증여세 과세가액에서 공제 및 특례세율 적용 |

## 9) 기타 조세지원

| 구분 | 지원내용 |
|---|---|
| 접대비 손금 인정범위 확대 (법인세법 제25조) (조특법 제136조) | 중소기업 접대비 손금산입 범위액: 3,600만 원× 수입금액 × 적용률<br>일반기업 기본한도가 1,200만 원이다. |
| 중소기업 대손금 특례규정 (법인세법 시행령 제19조의2) | 중소기업은 부도발생일부터 6개월이 경과한 외상매출금(부도발생일 이전 발생분)에 대하여도 대손처리 가능하다.<br>일반법인은 부도발생일부터 6개월이 경과하여도 외상매출금을 대손처리 할 수 없으며, 별도로 소멸시효 완성 등의 경우에만 대손처리 가능하다. |
| 원천징수세액 반기납부 특례 (소득세법 제128조) | 직전 과세기간의 1월~12월까지의 매월 말일 현재 상시 고용인원의 평균인원 수가 20인 이하인 원천징수의무자로서 관할 세무서장으로부터 원천징수세액을 매 반기별로 납부할 수 있도록 승인을 받은 자는 원천징수세액을 그 징수일이 속하는 반기의 마지막 달의 다음 달 10일까지 납부할 수 있다. |
| 법인세 분납기간 연장 (법인세법 제64조) | 납부할 세액이 1천만 원을 초과하는 경우 납부할 세액의 일부를 일정기한 2개월에 분납 가능하다. 일반기업 1개월 이내에 분납 가능하다. |

# 3. 중소기업 특별세액감면 (조특법 제7조)

  아래의 감면업종을 경영하는 중소기업(단, 수도권 내에서 지식기반산업 이외의 업종을 영위하는 경우에는 소기업만 해당됨)에 대해서는 2025. 12. 31. 이전에 끝나는 사업연도까지 해당 사업장에서 발생하는 소득에 대한 법인세에 다음의 감면비율을 곱하여 계산한 세액 상당액을 감면한다. 다만, 1억 원을 감면 한도로 하되, 해당 사업연도의 상시근로자 수가 직전 사업연도의 상시근로자 수보다 감소한 경우에는 1억 원에서 감소한 상시근로자 1명당 5백만 원씩을 뺀 금액을 감면 한도로 한다.

**⚡TIP** 감면과 공제 비교

| 항목 | 세액감면 | 세액공제 |
|------|----------|----------|
| 정의 | 산출된 세액에서 일정 비율을 직접 줄여줌 | 특정 비용을 기준으로 세액에서 차감 |
| 적용 방식 | 세액 × 감면율 = 감면 금액 | 지출 비용 × 공제율 = 공제 금액 |
| 이월 가능 여부 | 불가능 | 가능 (최대 10년) |
| 적용 제한 | 특정 조건 충족 필요 | 다양한 지출 항목에 적용 가능 |
| 효과 | 직접적이고 즉각적인 세액 감소 | 지출과 관련된 절세 효과 |
| 예시 | 중소기업 특별세액감면, 창업 중소기업 세액감면 | 연구개발비 공제 고용증대 세액공제 |

조세감면은 산출된 세액을 직접 줄이기 때문에 즉각적인 효과가 크며, 요건이

까다롭다. 사실관계가 명확하지 않은 경우 정기신고시 감면을 적용하지 않고, 3년 또는 5년 후 사실관계를 충분히 파악하여 경정청구를 통하여 감면받는 것이 현명할 수 있다.

## 1) 감면대상

내국인으로서 감면대상 업종을 영위하는 중소기업: 중소기업에 대하여는 조특령 제2조에 규정하고 있으며, 중소기업 특별세액감면에서는 다시 중기업과 소기업으로 구분하여 감면율을 달리 적용하고 있다.

## 2) 감면비율

| 구 분 | | 감면율 |
|---|---|---|
| 소기업 | 도매 및 소매업, 의료업(이하 "도매업 등"이라 함)을 경영하는 사업장 | 10% |
| | 수도권에서 도매업 등을 제외한 감면업종을 경영하는 사업장 | 20% |
| | 수도권 외의 지역에서 도매업 등을 제외한 감면업종을 경영하는 사업장 | 30% |
| 중기업 | 수도권 외의 지역에서 도매업 등을 경영하는 사업장 | 5% |
| | 수도권에서 일반 서적출판업 등을 경영하는 사업장 | 10% |
| | 수도권 외의 지역에서 도매업 등을 제외한 감면업종을 경영하는 사업장 | 15% |

• 단, 통관 대리 및 관련 서비스업을 경영하는 사업장의 경우 각각의 감면 비율에 50%를 곱한 비율로 한다.

이때, 내국법인의 본점 또는 주사무소가 수도권 안에 소재하는 경우에는, 모든 사업장이 수도권 안에 소재하는 것으로 보아 감면비율을 적용한다.

감면비율을 적용함에 있어 소기업이란 중소기업 중 매출액이 업종별로 중소기업기본법 시행령 별표 3을 준용하여 산정한 규모 기준 이내인 기업을 말하며(이 경우 "평균매출액 등"은 "매출액"으로 봄), 중기업이란 이러한 소기업을 제외한 중소기업을 말한다.

### 3) 중소기업 특별세액감면 대상업종

작물재배업, 축산업, 어업, 광업, 제조업, 하수·폐기물 처리(재활용을 포함), 원료재생 및 환경복원업, 건설업, 도매 및 소매업, 운수업 중 여객운송업, 출판업, 영상·오디오 기록물 제작 및 배급업(비디오물 감상실 운영업은 제외함), 방송업, 전기통신업, 컴퓨터프로그래밍, 시스템 통합 및 관리업, 정보서비스업(블록체인 기반 암호화자산 매매 및 중개업은 제외), 연구개발업, 광고업, 기타 과학기술서비스업, 포장 및 충전업, 전문디자인업, 창작 및 예술관련 서비스업(자영예술가는 제외함), 주문자 상표 부착방식에 따른 수탁생산업(위탁자로부터 주문자 상표 부착방식에 따른 제품생산을 위탁받아 이를 재위탁하여 제품을 생산·공급하는 사업), 엔지니어링사업, 물류산업, 직업기술분야 교습 학원 또는 직업능력개발훈련시설을 운영하는 사업(직업능력개발훈련을 주된 사업으로 하는 경우에 한정함), 자동차정비업(조세특례제한법 시행령 제54조 제1항에 따른 자동차

정비공장을 운영하는 사업), 선박관리업, 의료업(의료법에 따른 의료기관을 운영하는 사업으로 의원·치과의원 및 한의원은 제외함), 관광사업(카지노, 관광유흥음식점 및 외국인 전용 유흥음식점업은 제외함), 노인복지시설을 운영하는 사업, 전시산업발전법에 따른 전시산업, 인력공급 및 고용알선업(농업노동자 공급업 포함), 콜센터 및 텔레마케팅 서비스업, 에너지이용 합리화법 제25조에 따른 에너지절약전문기업이 하는 사업, 노인장기요양보험법 제31조에 따른 장기요양기관 중 재가급여를 제공하는 장기요양기관을 운영하는 사업, 건물 및 산업설비 청소업, 경비 및 경호 서비스업, 시장조사 및 여론 조사업, 사회복지 서비스업, 무형재산권 임대업(지식재산 기본법 제3조 제1호에 따른 지식재산을 임대하는 경우로 한정), 연구산업진흥법 제2조 제1호 나목의 산업, 개인 간병 및 유사 서비스업, 사회교육시설, 직원훈련기관, 기타 기술 및 직업훈련 학원, 도서관·사적지 및 유사 여가 관련 서비스업(독서실 운영업은 제외), 주택임대관리업, 신·재생에너지 발전사업, 보안시스템 서비스업, 임업, 통관 대리 및 관련 서비스업, 자동차 임대업(여객자동차 운수사업법 제31조 제1항에 따른 자동차대여사업자로서 같은 법 제28조에 따라 등록한 자동차 중 50% 이상을 환경친화적 자동차의 개발 및 보급 촉진에 관한 법률 제2조 제3호에 따른 전기자동차 또는 같은 조 제6호에 따른 수소전기자동차로 보유한 경우로 한정함)

• 일반 음식점업, 휴게음식점업 등은 중소기업 특별세액감면 대상 아니다. 따라서 음식점업은 중소기업이라도 특별세액감면을 받

을 수 없다. 그러나 음식점업 등이라도 창업중소기업 세액감면 (조특법 제6조)의 대상은 될 수 있다.

## 4) 관련 해석사례

중소기업이 조특법 제7조에 열거된 사업(주된 사업이 아닌 경우도 포함)을 하는 경우 조특법 제143조의 규정에 의하여 계산된 당해 사업의 소득금액에 대하여 중소기업에 대한 특별세액을 감면(서이 46012-10184, 2002.1.31.)한다.

국외 제조업체에 의뢰하여 제조하는 경우는 도매업에 해당: 자기가 제품을 직접 제조하지 아니하고 국외에 소재하는 제조업체에 의뢰하여 제조하는 경우 조세특례제한법 시행령 제2조의 중소기업 범위를 판단함에 있어 업종을 제조업이 아닌 도매업으로 본다.

도매업으로서 중소기업에 해당하는 경우에는 같은 법 제7조 제1항 제1호 허목의 규정에 의해 주문자 상표 부착방식에 의한 수탁생산업에 해당하여 중소기업에 대한 특별세액감면을 적용받을 수 있다.

도급업체가 건설한 아파트를 분양·판매하는 경우 감면 해당 여부: 법인이 직접 건설활동을 수행하지 않고 건설업체에 도급을 주어 아파트를 건설하고 이를 분양·판매하는 사업을 주된 사업으로 영위하여 한국표준산업분류 상 부동산업 중 주거용 건물분양 공급업(70121)으로 분류되는 경우에는 조세특례제한법 제7조를 적용함에 있어서 건설업에 해당하지 않는다(서이 46012-12116, 2003.12.15.).

비주거용 건설업의 경우 감면 해당 여부: 법인이 직접 건설활동을 수행하여 비주거용 건물을 건설하고 이를 분양·판매하여 한국표준산업분류상 비주거용 건물 건설업(4522)으로 분류되는 경우에는 조세특례제한법 제7조의 규정이 적용된다(서면2팀-482, 2004.3.17.).

법인의 본점·주사무소가 수도권 안에 있는 경우 모든 사업장이 수도권 안에 있는 것으로 보아 감면율 적용: 수도권 안의 법인의 본사를 공장이 있는 수도권 외 지역으로 이전하는 경우에는 이전하는 사업연도부터 조특법 제7조 제1항 제2호의 "수도권 외의 지역에서 중소기업을 영위하는 내국인"에 해당되는 것이다(재조예 46019-176, 2001.10.20.).

## 5) 감면세액

당해 과세연도의 소득세 또는 법인세 산출세액에 중소기업 특별세액감면이 적용되는 업종의 해당 사업장에서 발생한 소득이 과세표준에서 차지하는 비율과 감면 비율을 곱하여 산출한다.

$$감면세액 \;=\; 산출세액 \;\times\; \frac{감면소득}{과세표준} \;\times\; 감면율(5\sim30\%)$$

법인세 산출세액은 법인세법 제13조에 의한 과세표준에 같은 법

제55조에 의한 세율을 적용하여 계산한 금액으로, 가산세와 토지 등 양도소득에 대한 법인세를 제외한다.

감면소득은 해당 감면사업에서 발생한 소득금액으로, 감면사업과 기타의 사업을 겸영하는 경우에는 법인세법 제113조【구분경리】규정을 준용하여 계산한 소득금액이다.

- 구분경리란 "다른 회계로 구분하여 기록"한다는 의미다(법법 제113조 제1항). 사업장을 달리하거나, 손익센터를 달리하거나, 계정과목으로 구분하여 구분경리 할 수 있다. 공통익금과 공통손금은 매출액 또는 개별손금 비율로 안분(법령 제76조 제6항)할 수 있으나, 공통경비가 큰 경우 구분경리 하였다고 보기 어려울 것이다.

### 6) 감면 한도

해당 과세연도의 상시근로자 수가 직전 과세연도의 상시근로자 수보다 감소한 경우:

1억원 – (감소한 상시근로자 수 × 5백만원): 금액이 음수인 경우 "0"으로 함.

그 밖의 경우: 1억 원

## 7) 기타 주의사항

통합 투자세액공제 등과 중복적용 배제되나, 고용증대 세액공제, 통합고용 세액공제 및 중소기업 사회보험료 세액공제와의 중복적용 가능하다. 다만, 감면대상사업을 구분경리하는 경우 비감면사업에 대한 세액공제는 중복적용이 가능하다(조특법 제127조 제4항 및 제10항)

동일 사업장·동일 사업연도에 외국인투자에 대한 법인세 등의 감면, 창업중소기업 등에 대한 세액감면 등의 세액감면과 중복적용 배제한다(조특법 제127조 제5항).

최저한세의 적용(조특법 제132조): 중소기업에 대한 특별세액감면은 최저한세의 적용을 받아 그 특례범위가 제한되며 최저한세 적용으로 감면받지 못한 세액은 이월공제 되지 않고 소멸한다(조특법 제144조).

## 4. 연구 및 인력개발비 세액공제

내국인의 연구개발 및 인력개발을 위한 비용 중 아래의 열거된 비용이 있는 경우에는 연구종류별 공제율 등을 적용하여 산출한 공제금액을 해당 과세연도의 소득세(사업소득에 대한 소득세만 해당한다) 또는 법인세에서 공제한다(조특법 제10조 제1항 및 조특령 제9조 제5항).

## 1) 연구구분

연구·인력개발비에 대한 세액공제는 신성장·원천기술연구개발비, 국가전략기술연구개발비와 여타 일반연구·인력개발비로 구분하여 각각 다음과 같이 적용된다. 신성장·원천기술연구개발비 및 국가전략기술연구개발비는 연구개발비만을 대상으로 하는 반면 일반연구·인력개발비는 인력개발비까지를 포함하고 있다.

① 신성장·원천기술을 얻기 위한 연구개발비

② 국가전략기술을 얻기 위한 연구개발비

③ 일반연구·인력개발비(상기 ①, ②에 해당하지 아니하거나 상기 ①, ②를 선택하지 아니한 연구·인력개발비)

단, ①, ②를 동시에 적용받을 수 있는 경우에는 그 중 하나만을 적용한다.

## 2) 대상비용 요약

| 대분류 | 중분류 | 세분류 | 세액공제 대상 비용 |
|---|---|---|---|
| 연구비 | 전담부서 비용 | 전담부서 인건비 | 퇴직금 제외, 사용자부담 4대보험료 포함(2025개정) |
| | | 전담부서 재료비 | 견본품, 부품, 원재료, 시약류 구입비 |
| | | 전담부서 시설비 | 연구시험용 시설 임차료 및 이용료 |
| | 위탁 연구 비용 | 연구기관 위탁비용 | 외부 전문 연구기관이나 기업에 의뢰한 연구 비용 연구원, 조교수에 대한 기술정보비 |
| | | 공동연구비 | 여러 기관과 협력하여 진행하는 연구개발비 |

| 대분류 | 중분류 | 세분류 | 세액공제 대상 비용 |
|---|---|---|---|
| 인력<br>개발비 | 위탁<br>훈련비 | 전문연구기관<br>위탁훈련비 | 전담부서 등에서 연구업무에 종사하는<br>연구요원으로 한정 |
| | 교육<br>훈련비 | 직업능력훈련비용 | 사업주가 단독 또는 공동으로<br>운영하는 것 |
| | 중소<br>기업<br>납입금 | 중소기업 핵심인력<br>성과보상기금에<br>납입하는 비용 | 내일채움공제 납입금 등<br>(납입기간 3년 이상, 2025년 개정) |

## ⚡TIP 연구개발과 인력개발의 범위

### 1. 연구개발

가. 자체연구개발

1) 연구개발 전담부서 인건비: 전담부서에서 근무하는 직원(연구개발과제를 직접 수행하거나 보조하지 않고 행정 사무를 담당하는 자는 제외한다)의 인건비. 다만, 주주인 임원으로서 다음 각 호의 어느 하나에 해당하는 자는 제외한다.

2) 연구개발 전담부서 견본품·부품·원재료와 시약류구입비(시범제작에 소요되는 외주가공비를 포함)

3) 연구개발 전담부서가 직접 사용하기 위한 연구시험용 시설 임차료 및 이용료

나. 위탁 및 공동연구개발

1) 다음의 기관에 과학기술 및 산업디자인 분야의 연구개발용역을 위탁(재위탁을 포함한다)함에 따른 비용과 이들 기관과의 공동연구개발을 수행함에 따른 비용

• 「고등교육법」에 따른 대학 또는 전문대학
• 국공립연구기관
• 정부출연연구기관
• 국내외의 비영리법인(비영리법인에 부설된 연구기관을 포함한다)
• 「산업기술혁신 촉진법」에 따른 전문생산기술연구소 등 기업이 설립한 국내외 연구기관
• 전담부서 등(전담부서 등에서 직접 수행한 부분으로 한정한다) 또는 국외 기업에 부설된 연구기관
• 영리목적으로 연구·개발을 독립적으로 수행하거나 위탁받아 수행하고 있는 국외 소재 기업
• 「산업교육진흥 및 산학연협력촉진에 관한 법률」에 따른 산학협력단

- 한국표준산업분류표상 기술시험·검사 및 분석업을 영위하는 기업
- 「산업디자인진흥법」 제4조 제2항 각 호에 해당하는 기관
- 「산업기술연구조합 육성법」에 따른 산업기술연구조합

2) 대학 또는 전문대학에 소속된 조교수 이상의 개인에게 과학기술분야의 연구개발용역을 위탁함에 따른 비용

다. 직무발명 보상금 지급으로 발생한 금액

라. 전담부서연구원 및 조교수에 대한 기술정보비(기술자문비를 포함)

## 2. 인력개발

가. 연구개발 전담부서 연구원에 대한 위탁훈련비

나. 직업능력개발훈련 실시 및 직업능력개발훈련비
- 사업주가 단독 또는 다른 사업주와 공동으로 「국민 평생 직업능력 개발법」 제2조 제1호의 직업능력개발훈련을 실시하는 경우의 실습재료비(해당 기업이 생산 또는 제조하는 물품의 제조원가 중 직접 재료비를 구성하지 않는 것으로 한정한다)
- 「국민 평생 직업능력 개발법」 제20조 제1항 제2호에 따른 기술자격검정의 지원을 위한 필요경비
- 「국민 평생 직업능력 개발법」 제33조 제1항에 따른 직업능력개발훈련교사 등에게 지급하는 급여
- 사업주가 단독 또는 다른 사업주와 공동으로 실시하는 직업능력개발훈련으로서 「국민 평생 직업능력 개발법」 제24조에 따라 고용노동부장관의 인정을 받은 직업능력개발훈련과정의 직업능력개발훈련을 받는 훈련생에게 지급하는 훈련수당·식비·훈련교재비 및 직업훈련용품비

다. 중소기업 인력개발 및 기술지도비용
- 지도요원의 인건비 및 지도관련경비
- 직업능력개발훈련의 훈련교재비 및 실습재료비
- 직업능력개발훈련시설의 임차비용
- 중소기업이 「중소기업 인력지원 특별법」에 따라 중소기업 핵심인력 성과보상기금에 납입하는 비용. 다만 최대주주의 친족에 대한 납입비용은 세액공제 대상에서 제외하고, 5년(2025년 이후 3년) 이내에 환급받은 금액은 납입비용에서 뺀다.
- 내국인이 특허권 등을 중소기업에게 무상으로 이전하는 경우 그 특허권의 가액
- 지속가능경영과 관련된 임직원 교육 경비 및 경영수준 진단·컨설팅 비용

라. 생산성 향상을 위한 교육훈련시간이 24시간 이상인 교육과정의 인력개발비

마. 사내기술대학(대학원을 포함한다) 및 사내대학의 운영에 필요한 비용

바. 「산업교육진흥 및 산학연협력촉진에 관한 법률 시행령」 따른 학교 등과의

계약을 통해 설치·운영되는 직업교육훈련과정 또는 학과 등의 운영비

사. 산업수요 맞춤형 고등학교의 재학생에게 해당 훈련기간 중 지급한 훈련수당, 식비, 교재비 또는 실습재료비(생산 또는 제조하는 물품의 제조원가 중 직접 재료비를 구성하지 않는 것만 해당한다)

아. 「산업교육진흥 및 산학연협력촉진에 관한 법률」에 따른 현장실습 기간 중 지급한 현장실습 지원비(생산 또는 제조하는 물품의 제조원가 중 직접 재료비를 구성하지 않는 것만 해당한다)

## 3) 공제금액

연구·인력개발비 세액공제는 대기업, 중견기업 및 중소기업 여부에 불문하고 적격 연구·인력개발비가 발생한 모든 법인이 적용받을 수 있으나 다만, 기업규모 등에 따라 세액공제율은 차등 적용된다.

공제금액 = (① 또는 ②) + ③

① 해당 과세연도에 발생한 신성장·원천기술 연구개발비 × (㉠의 비율 + ㉡의 비율)

㉠ 중소기업 30%, 코스닥상장 중견기업 25%, 이외의 기업 20%

㉡ MIN[해당 과세연도의 수입금액(법인세법 제43조의 기업회계기준에 따라 계산한 매출액)에서 신성장·원천기술 연구개발비가 차지하는 비율 × 3, 10%(단, 코스닥상장 중견기업은 15%)]

② 해당 과세연도에 발생한 국가전략기술 연구개발비 × (㉠의 비율 + ㉡의 비율)

㉠ 중소기업 40%, 이외의 기업 30%

　　㉡ MIN[해당 과세연도의 수입금액(법인세법 제43조의 기업회
　　　계기준에 따라 계산한 매출액)에서 국가전략기술 연구개발비
　　　가 차지하는 비율 × 3, 10%]

③ 다음 중 택일하는 금액(소급 4년간 일반연구·인력개발비가 없거나
　직전연도 일반연구·인력개발비가 소급 4년 평균 일반연구·인력개
　발비보다 적은 경우에는 ㉠)

　　㉠ 해당 과세연도에 발생한 일반 연구·인력개발비 × MIN[2%,
　　　해당 과세연도 수입금액 대비 일반연구·인력개발비 비율 ×
　　　50%]
　　　중소기업은 25%, 중소기업 졸업유예기간(4년) 경과 후 3년간
　　　(5~7년차)은 15%, 2년간(8~9년차)은 10%, 중견기업은 8%

　　㉡ 직전 과세연도 초과발생액 × 25%(중견기업은 40%, 중소기
　　　업은 50%)


## 4) 사전심사제도

연구·인력개발비 세액공제를 신청하기 전에 지출한 비용이 연구·
인력개발비에 해당하는지 여부 등에 대해 국세청장에게 미리 심사
하여 줄 것을 요청할 수 있는 제도를 말한다(조특령 제9조 제17항)

① 심사 방법: 전화·서면에 따른 사실 확인 등 납세자 비대면 방식의
　서면심사를 원칙으로 하고, 신청인과 협의를 통해 최소한의 현장확

인을 실시한다.

② 심사결과 및 재심사: 사전심사 처리를 종결한 때에 '사전심사 결과 통지서'로 심사결과를 통지 드립니다. 신청인이 심사결과에 이의가 있는 경우에는 '연구·인력개발비 사전심사 결과에 대한 재심사 신청서'를 통해 1회에 한하여 재심사를 신청할 수 있다.

③ 심사효력: 신청인이 심사결과 통지 내용에 따라 연구·인력개발비 세액공제를 신청한 경우에는 추후 심사결과와 다르게 과세처분한 경우에도 국세기본법 제48조(가산세 감면 등) 제1항 제2호에 따라 과소신고가산세를 부과하지 아니한다. 단, 심사과정에서 부정확한 서류를 제출하거나, 사실관계의 변경·누락 및 탈루혐의가 있는 경우는 제외한다.

④ 심사받은 내용에 대해서는 신고내용 확인 및 감면사후관리 선정대상에서 제외한다.

5) 최저한세 적용 여부

정책목적상 조세특례제도를 이용하여 세금을 감면하여 주는 경우에도 세 부담의 형평성, 세제의 중립성, 재정확보 측면에서 소득이 있으면 누구나 최소한의 세금을 내도록 하기 위한 것이 최저한세 제도이다(조특법 제132조).

| 구 분 | 과 세 표 준 | 최저한세 |
|---|---|---|
| 중소기업 | | 7% |
| 일반기업 | 유예기간 이후 1년~3년 | 8% |
| | 유예기간 이후 4년~5년 | 9% |
| | 100억 원 이하 | 10% |
| | 100억 원 초과 1천억 원 이하 | 12% |
| | 1천억 원 초과 | 17% |

• 개인의 경우 사업소득에 대한 산출세액에 100분의 45(산출세액이 3천만 원 이하인 부분은 100분의 35)를 곱하여 계산한 세액을 최저한세로 한다.

중소기업의 연구인력개발비 세액공제는 최저한세 적용대상이 안된다(조특법 제132조 제1항 제3호). 중소기업이 아닌 경우 연구 및 인력개발비 중 석사 및 박사의 인건비만 최저한세 적용대상에서 제외하는 것과 비교된다.

# 제2장

# 벤처기업

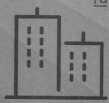

## 제1절
# 기업편

## 1. 벤처기업이란?

"벤처기업"이란 다른 기업에 비해 기술성이나 성장성이 상대적으로 높아, 정부에서 지원할 필요가 있다고 인정하는 중소기업으로서 벤처기업법 제2조의2 제1항 제2호에 따른 3가지 요건의 어느 하나에 해당하는 기업을 말한다.

① 벤처투자유형
② 연구개발유형
③ 혁신성장유형·예비벤처기업

벤처확인종합관리시스템은 중소벤처기업부에서 운영하는 플랫폼으로, 벤처기업 확인 절차를 지원하고 관리하는 시스템이다. 이 시스템에서는 벤처기업 확인을 받은 기업들의 정보를 검색할 수 있으며, 기업명, 대표자명, 사업자번호, 업종 등 정보를 확인할 수 있다.

중소·벤처기업과 관련한 정보는 중소벤처기업부, 창업진흥원, 온라인 원스톱 재택창업시스템, 중소기업 현황 정보시스템, 벤처기업협회, 벤처투자정보센터 등에서 확인할 수 있다.

| 기관명 | 담당업무 | 홈페이지 |
|---|---|---|
| 중소벤처기업부 | 창업기회정보, 정책정보 제공 | mss.go.kr |
| 창업진흥원 | 창업기회정보, 정책정보 제공 | kised.or.kr |
| 온라인 원스톱 재택창업시스템 | 회사설립정보 및 창업 컨설팅 | startbiz.go.kr |
| 중소기업 현황 정보 시스템 | 중소기업 현황 및 중소기업 확인 정보 제공 | sminfo.smba.go.kr |
| 벤처기업협회 | 벤처기업 창업정보 제공 | venture.or.kr |

## 1) 벤처투자유형

벤처투자유형은 아래 벤처투자회사 등에 해당하는 자가 해당 기업에 대한 투자금액의 합계가 5천만 원 이상으로서, 기업의 자본금 중 투자금액의 합계가 차지하는 비율이 100분의 10(해당 기업이 「문화산업진흥 기본법」 제2조 제12호에 따라 문화상품을 제작하는 법인인 경우에는 자본금의 100분의 7) 이상이고, 벤처기업법 제25조의3 제1항에 따라 지정받은 벤처기업확인기관으로부터 해당 요건을 갖춘 것으로 평가받은 기업을 말한다(벤처기업법 제2조의2 제1항 제2호 가목 및 벤처기업법 시행령 제2조의3 제1항·제2항).

- 「벤처투자 촉진에 관한 법률」 제2조 제10호에 따른 벤처투자회사
- 「벤처투자 촉진에 관한 법률」 제2조 제11호에 따른 벤처투자조합
- 「여신전문금융업법」에 따른 신기술사업금융업자
- 「여신전문금융업법」에 따른 신기술사업투자조합
- 「벤처투자 촉진에 관한 법률」 제66조에 따른 한국벤처투자
- 신기술창업전문회사

- 「벤처투자 촉진에 관한 법률」제2조 제8호에 따른 개인투자조합
- 「벤처투자 촉진에 관한 법률」제2조 제9호에 따른 창업기획자 (액셀러레이터)
- 「한국산업은행법」에 따른 한국산업은행
- 「중소기업은행법」에 따른 중소기업은행
- 「은행법」제2조 제1항 제2호에 따른 은행
- 자본시장법 제9조 제19항 제1호에 따른 기관전용 사모집합투자기구
- 자본시장법 제117조의10에 따라 온라인 소액 투자 중개의 방법으로 모집하는 해당 기업의 지분증권에 투자하는 자
- 「농림수산식품투자조합 결성 및 운용에 관한 법률」제13조 제1항에 따른 농식품투자조합
- 「산업교육진흥 및 산학연협력촉진에 관한 법률」제2조 제8호에 따른 산학연협력기술지주회사
- 「기술의 이전 및 사업화 촉진에 관한 법률」제2조 제10호에 따른 공공연구기관 첨단 기술지주회사
- 기술보증기금
- 「신용보증기금법」에 따른 신용보증기금
- 「중소기업진흥에 관한 법률」제68조 제1항에 따른 중소벤처기업진흥공단
- 전문성과 국제적 신인도 등에 관하여 「벤처기업확인요령」제3조 제3항의 기준을 갖춘 외국투자회사
- 투자실적, 경력, 자격요건 등 벤처기업법 시행령 제2조의3 제3

항에서 정하는 기준을 충족하는 개인

## 2) 연구개발유형

연구개발유형은 다음의 요건을 모두 만족하는 기업(「기초연구진흥 및 기술개발지원에 관한 법률」 제14조의2 제1항에 따라 인정받은 기업부설연구소 또는 연구개발전담부서 또는 「문화산업진흥 기본법」 제17조의3 제1항에 따라 인정받은 기업부설창작연구소 또는 기업창작전담부서를 보유한 기업을 말함)을 말한다(벤처기업법 제2조의2 제1항 제2호 나목, 벤처기업법 시행령 제2조의3 제5항·제8항).

① 연간 연구개발비가 5천만 원 이상일 것

② 연간 총매출액에 대한 연구개발비의 합계가 차지하는 비율이 100분의 5 이상으로서 다음의 비율 이상일 것(다만, 연간 총매출액에 대한 연구개발비의 합계가 차지하는 비율에 관한 기준은 창업 후 3년이 지나지 아니한 기업에 대하여는 적용하지 않음)

| 업 종 | 매출액 규모별 연구개발투자비율(%) | | |
| --- | --- | --- | --- |
| | 50억 원 미만 | 50억 원 이상<br>100억 원 미만 | 100억 원 이상 |
| 의약품 | 6 | 6 | 6 |
| 기계 및 장비제조<br>〈단, 사무용 기계 및<br>장비제외〉 | 7 | 5 | 5 |
| 컴퓨터 및 주변장치 | 6 | 6 | 5 |

| 업 종 | 매출액 규모별 연구개발투자비율(%) | | |
|---|---|---|---|
| | 50억 원 미만 | 50억 원 이상 100억 원 미만 | 100억 원 이상 |
| 사무용 기계 및 장비 | 6 | 6 | 5 |
| 전기장비 | 6 | 5 | 5 |
| 반도체 및 전자부품 | 6 | 5 | 5 |
| 의료, 정밀, 광학기기 및 시계 | 8 | 7 | 6 |
| 기타제조업 | 5 | 5 | 5 |
| 도매 및 소매업 | 5 | 5 | 5 |
| 통신업 | 7 | 5 | 5 |
| 소프트웨어개발 공급업 | 10 | 8 | 8 |
| 컴퓨터프로그래밍, 시스템통합관리업 | 10 | 8 | 8 |
| 정보서비스업 | 10 | 8 | 8 |
| 인터넷산업 | 5 | 5 | 5 |
| 기타산업 | 5 | 5 | 5 |

③ 벤처기업법 제25조의3 제1항에 따라 지정받은 벤처기업확인기관
   (신용보증기금, 중소벤처기업진흥공단을 말한다)으로부터 사업의
   성장성이 우수한 것으로 평가받은 기업

연구개발유형의 성장성 평가기준은 제품 및 서비스의 경쟁력, 시
장의 크기 및 전망 등으로 하되, 구체적인 평가기준과 평가방법은
「벤처기업확인요령」에서 확인할 수 있다(벤처기업법 시행령 제2조
의3 제8항).

### 3) 혁신성장유형·예비벤처기업

혁신성장유형·예비벤처기업은 다음의 벤처기업확인기관으로부터 기술의 혁신성과 사업의 성장성이 우수한 것으로 평가받은 기업(창업 중인 기업을 포함)을 말한다.

| 혁신성장유형의 벤처기업확인기관 | 예비벤처기업의 벤처기업확인기관 |
|---|---|
| 기술보증기금<br>농업기술실용화재단<br>연구개발특구진흥재단<br>한국과학기술정보연구원<br>한국발명진흥회<br>한국생명공학연구원<br>한국생산기술연구원 | 기술보증기금 |

혁신성장유형·예비벤처기업의 기술의 혁신성과 사업의 성장성 평가기준은 기술의 우수성, 제품 및 서비스의 경쟁력, 시장의 크기 및 전망 등으로 하되, 구체적인 평가기준과 평가방법은 「벤처기업확인요령」에서 확인할 수 있다(벤처기업법 시행령 제2조의3 제11항).

## ❷. 벤처기업 확인

벤처투자유형, 연구개발유형, 혁신성장유형·예비벤처기업에 해당하여 벤처기업으로서 벤처기업법에 따라 사업초기에 국가로부터 인적·물적 자원을 지원받기 위해서는 벤처기업확인기관의 장으로부터 벤처기업의 확인을 받아야 한다(벤처기업법 제25조 제1항). 이 때 벤처기업확인기관의 장은 확인에 소요되는 비용을 벤처기업 확인을 요청하려는 자에게 부담시킬 수 있다(벤처기업육성에 관한 특별법 제25조 제4항 전단).

### 1) 벤처기업 확인 신청

벤처기업임을 확인받으려는 기업(이하 "신청기업"이라 함)은 벤처기업 확인 신청서를 작성하여, 벤처확인종합관리시스템(smes.go.kr/venturein/)을 통해 다음에 따른 확인기관의 장에게 벤처기업 확인을 신청해야 한다(벤처기업법 제25조 제1항, 「벤처기업확인요령」).

### 2) 벤처기업 확인기관

| 확인신청기업 | 벤처기업 확인기관 |
|---|---|
| 벤처투자유형 | 한국벤처캐피탈협회(kvca.or.kr) |
| 연구개발유형 | 중소벤처기업진흥공단(kosmes.or.kr)<br>신용보증기금(kodit.co.kr/) |
| 혁신성장유형 | 기술보증기금(kibo.or.kr)<br>한국농업기술진흥원(koat.or.kr/)<br>연구개발특구진흥재단(innopolis.or.kr/)<br>한국과학기술정보연구원(kisti.re.kr/)<br>한국발명진흥회(kipa.org/)<br>한국생명공학연구원(kribb.re.kr/)<br>한국생산기술연구원(kitech.re.kr/) |
| 예비벤처기업 | 기술보증기금(kibo.or.kr) |

## 3) 벤처기업 심사

확인기관은 벤처기업 확인을 신청받은 경우에는 벤처기업 유형에 따른 요건심사를 실시해야 한다(벤처기업확인요령 제16조 제1항). 기술의 혁신성 및 사업의 성장성 평가기준은 현장실사를 통해서 실시한다(벤처기업확인요령 제16조 제2항). 예비벤처기업으로 확인받고자하는 자에 대한 기술의 혁신성, 사업의 성장성 평가는 벤처기업확인 기관이 기술혁신성·사업성장성평가표(예비벤처기업용)의평가표에 따라 실시한다(벤처기업확인요령 제16조 제4항 및 별표5).

## 4) 벤처기업 확인서의 발급

벤처기업확인기관의 장은 신청기업이 벤처기업요건에 해당 된다고 확인 한 때에는 벤처기업 확인서를 발급해야 한다(벤처기업확인요령 제18조 제1항 및 별지 제4호서식).

벤처기업임을 확인받은 벤처기업은 벤처기업 확인마크를 사용하여, 사업장에 게시하거나, 기업 홍보 등을 위하여 활용할 수 있다(벤처기업확인요령 제30조 제1항·제2항 및 별표 6).

## 제2절

# 특례편

## 1. 조세특례제한법에 따른 벤처기업이란?

　세액감면대상 창업벤처중소기업이란 벤처기업육성에 관한 특별법 제2조 제1항에 따른 벤처기업 중 다음의 어느 하나에 해당하는 기업으로서 창업 후 3년 이내에 같은 법 제25조에 따라 2027년 12월 31일까지 벤처기업으로 확인받은 기업을 말한다(시행령 제5조 제4항 및 제5항).

① 벤처기업육성에 관한 특별조치법 제2조의2의 요건을 갖춘 중소기업(같은 조 제1항 제2호 나목에 해당하는 중소기업을 제외함)

② 시행령 별표 6의 연구개발비가 당해 과세연도의 수입금액의 5% 이상인 중소기업. 본 규정은 벤처기업육성에 관한 특별조치법 제25조의 규정에 의한 벤처기업 해당 여부의 확인을 받은 날이 속하는 과세연도부터 연구개발비가 동 비율을 계속 유지하는 경우에 한하여 적용한다.

## 2. 창업벤처중소기업 등에 대한 법인세 감면(조특법 제6조 제2항)

벤처기업육성에 관한 특별법 제2조 제1항에 따른 벤처기업(이하 "벤처기업") 중 일정 요건을 충족하는 기업으로서 창업 후 3년 이내에 같은 법 제25조에 따라 2027년 12월 31일까지 벤처기업으로 확인받은 창업벤처중소기업의 경우에는 그 확인받은 날 이후 최초로 소득이 발생한 사업연도(벤처기업으로 확인받은 날부터 5년이 되는 날이 속하는 사업연도까지 해당 사업에서 소득이 발생하지 아니하는 경우에는 5년이 되는 날이 속하는 사업연도)와 그 다음 사업연도의 개시일부터 4년 이내에 끝나는 사업연도까지 해당 사업에서 발생한 소득에 대한 법인세의 50%에 상당하는 세액을 감면한다.
해당 내용은 "창업중소기업 등에 대한 법인세 감면(조특법 제6조)"에서 함께 다루기로 한다.

## 3. 벤처기업투자금에 대한 소득공제(조특법 제16조)

거주자가 중소기업 벤처투자조합 등 조특법 제16조 제1항 각 호에 해당하는 출자 또는 투자를 하는 경우에는 2025년 12월 31일까지 출자금액 중의 일정 비율을 그 출자일 또는 투자일이 속하는 과세연도의 종합소득금액에서 공제한다.

다만, 타인의 출자지분이나 투자지분 또는 수익증권을 양수하는 방법으로 출자하거나 투자하는 경우에는 공제대상에 해당하지 아니한다. 설립 시 출자하거나 유상증자에 참여하는 경우에는 공제 가능하나, 제3자로부터 양수하거나 무상증자 받은 경우에는 공제 불가능하다. 거주자가 벤처기업육성에 관한 특별조치법에 따른 벤처기업에 자금을 대여하였다가 이를 출자전환하는 경우 조세특례제한법 제16조에 따른 중소기업창업투자조합 출자 등에 대한 소득공제를 받을 수 있다(서면 2015 법령해석소득0832, 2015.11.19.).

## 1) 출자(투자)의 범위

벤처투자조합, 민간재간접벤처투자조합, 신기술사업투자조합 또는 전문투자조합에 출자하는 경우(조특법 제16조 제1항 제1호)

요건을 갖춘 벤처기업투자신탁의 수익증권에 투자하는 경우(조특법 제16조 제1항 제2호)

「벤처투자 촉진에 관한 법률」 제2조 제8호에 따른 개인투자조합이 거주자로부터 출자받은 금액을 해당 출자일이 속하는 과세연도의 다음 과세연도 종료일까지 벤처기업 등에 투자하는 경우(조특법 제16조 제1항 제3호)

「벤처기업육성에 관한 특별조치법」에 따라 벤처기업 등에 직접 투자한 금액(조특법 제16조 제1항 제4호)

창업·벤처 전문사모집합투자기구에 투자하는 경우(조특법 제16조 제1항 제5호)

자본시장법 제117조의10에 따라 온라인 소액투자 중개의 방법으로 모집하는 창업 후 7년 이내의 중소기업으로서 요건을 갖춘 기업의 지분증권에 투자하는 경우(조특법 제16조 제1항 제6호)

## ⚡TIP 개인투자조합이란?

개인투자조합은 조합을 운영하는 업무집행조합원(General Partners, 이하 GP)과 조합에 출자하는 유한책임조합원(Limited Partners, 이하 LP)으로 구성된다.
GP는 벤처투자법 시행령 제6조(개인투자조합의 결성과 등록) 제3항 제3호 전문개인투자자 또는 창업기획자(액셀러레이터) 등이 담당한다.
• GP가 창업기획자(액셀러레이터)인 개인투자조합은 설립 3년 이내의 초기 스타트업에 투자해야 한다.
• GP가 창업기획자가 아닌 개인투자조합은 스타트업(중소기업을 창업하여 사업을 개시한 날부터 7년이 지나지 아니한 기업)이나 벤처기업에 투자해야 한다.
• 개인의 경우 누구나 유한책임조합원(LP)이 될 수 있다.

**1) 소득공제 혜택**
개인투자조합이 벤처기업에 투자한 경우, 조세특례제한법 제16조(벤처투자조합 출자 등에 대한 소득공제) 제1항에 따라 3,000만 원까지는 100%, 3,000만 원 초과분부터 5,000만 원까지는 70%, 5,000만 원 초과분은 30%만큼 종합소득금액에서 공제된다. 법인 조합원은 개인투자조합을 통해 취득한 주식 또는 출자지분의 100분의 5에 상당하는 금액을 해당 사업연도의 법인세에서 공제한다(조세특례제한법 제13조의2).

**2) 양도세 비과세 혜택**
개인투자조합의 조합원은 자신의 지분을 양도할 수 있고, 투자한 기업이 벤처기업이고 신주를 인수한 경우라면 양도세 비과세 혜택을 받을 수 있다. 단, 벤처기업이 아니었던 투자기업이 투자일(등기사항전부증명서 변경일)로부터 2년이 되는 날이 속하는 과세연도 안에 벤처기업 인증을 받게 되는 경우에도 인정된다.

## 2) 공제금액

출자 또는 투자한 금액의 100분의 10에 상당하는 금액(해당 과세연도의 종합소득금액의 100분의 50을 한도로 한다. 조특법 제16조 제1항 제2호에 해당하는 공제금액은 300만원을 초과할 수 없다.

단, 「벤처기업육성에 관한 특별조치법」에 따라 벤처기업 등에 투자하는 경우 등 조특법 제16조 제1항 제3호·제4호·제6호에 해당하는 출자 또는 투자의 경우에는 투자금액 중 3천만 원 이하분은 100분의 100, 3천만 원 초과분부터 5천만 원 이하분까지는 100분의 70, 5천만 원 초과분은 100분의 30으로 한다.

## 3) 연말정산 제출서류

중소기업창업투자조합 출자 등에 대한 소득공제를 받고자 하는 근로자는 출자등소득공제신청서에 출자 또는 투자확인서(조특칙 별지 제5호서식)를 첨부하여 해당 과세기간의 다음연도 1월분의 급여를 받는 날(퇴직한 경우 당해 퇴직일이 속하는 달의 급여를 받는 날)까지 원천징수의무자에게 신청한다.

## 4) 소득공제 추징 사유

① 출자일 또는 투자일로부터 3년이 경과하기 전에 출자지분 또는 투자지분을 이전하거나 회수하는 경우

② 벤처기업투자신탁의 수익증권을 양도하거나 환매(일부 환매 포함)
하는 경우

## 5) 추징방법(조특령 제14조 제8항·제9항)

투자조합관리자 등이 원천징수의무자·납세조합·국세청장 또는
납세지 관할 세무서장에게 출자지분등변경통지서를 제출하고 원천
징수의무자·납세조합·국세청장 또는 납세지 관할 세무서장이 소득
공제 받은 금액에 대한 세액을 추징한다.

## 6) 기타 주의사항

① 벤처기업에 투자한 후 출자한 날로부터 5년(현재는 3년)이 경과하
기 전에 당해연도 총출자금액 중 일부를 이전(회수)한 경우에도 잔
여 출자(투자)금액이 소득공제 받은 출자금액보다 많은 경우에는
소득공제 받은 금액에 상당하는 세액을 추징하지 않는다(법인
46013-166, 2001.1.17.).

② 중소기업창업투자조합 출자 등에 대한 소득공제와 관련하여 무상
증자 받은 주식을 출자일 또는 투자일로부터 3년이 경과되기 전에
처분하는 경우에는 이미 공제 받은 분에 해당하는 세액을 추징한다
(서일 46011-11158, 2003.8.26.).

③ 「벤처기업육성에 관한 특별조치법」에 따른 벤처기업이 발행한 무
담보 신주인수권부사채를 인수하는 경우 조특법 제16조 제1항 제

4호(벤처기업 등에 투자하는 경우)에 따른 투자에 해당하는 것으로 중소기업창업투자조합 출자 등에 대한 소득공제를 받을 수 있는 것이며, 벤처기업에 자금을 대여하였다가 이를 차환하여 무담보 신주인수권부사채를 인수하는 경우도 같은 법에 따른 중소기업창업투자조합 출자 등에 대한 소득공제를 받을 수 있으며, 또한 해당 사채를 인수하고 소득공제를 받은 거주자가 인수일로부터 3년이 지나기 전에 해당 사채를 상환받은 경우 이미 공제받은 소득금액에 해당하는 세액을 추징한다(사전 2017 법령해석소득0368, 2018.4.18.).

④ 벤처기업 투자 소득공제 대상에는 벤처기업으로 확인받기 전에 투자한 경우는 포함되지 아니하므로 조세특례제한법 제16조의 소득공제를 적용받을 수 없다(사전 2018 법령해석소득0154, 2018.5.4.).

⑤ 거주자가 본인의 의사에 따라 투자대상 및 투자비중 결정 등을 행하는 특정금전신탁을 통하여 조특법 제16조 제1항 제3호에 해당하는 투자를 한 경우 소득공제를 받을 수 있다(사전 2019 법령해석소득0436, 2019.9.11.).

⑥ 거주자가 벤처기업이 보유한 자기주식을 양수하는 방법으로 취득한 경우 조특법 제16조의 소득공제 대상에 해당하지 않는다(서면 2020 법령해석소득0539, 2020.12.18.).

⑦ 조특법 제16조 제1항에 따른 소득공제는 투자 당시에는 같은 항 제4호에 따른 벤처기업에 해당하지 아니하였으나, 투자일부터 2년이

되는 날이 속하는 과세연도까지 같은 호에 따른 벤처기업에 해당하게 된 경우에도 조특법 제16조 제3항에 따라 적용한다(사전 2021 법령해석소득1697, 2021.11.24.).

⑧ 조특법 제16조 제1항에 따른 소득공제를 적용함에 있어 거주자가 같은 항 제3호·제4호 또는 제6호에 해당하는 출자 또는 투자를 하는 경우, 해당 과세연도에 출자 또는 투자한 금액 중 3천만 원 이하분은 100분의 100, 3천만 원 초과분부터 5천만 원 이하분까지는 100분의 70, 5천만 원 초과분은 100분의 30에 상당하는 금액(해당 과세연도의 종합소득금액의 100분의 50을 한도)을 그 출자일 또는 투자일이 속하는 과세연도(공제시기 변경을 신청하는 경우 신청한 과세연도)의 종합소득금액에서 공제한다(사전 2022 법규소득1255, 2023.5.10.).

⑨ 개인투자조합의 조합원 및 출자액의 변동이 있는 경우에 벤처투자조합 출자 등 소득공제의 적용을 위한 투자액의 산정방법은 투자시점을 기준으로 조특법 시행령 제14조 제4항을 적용하되, 제4항에 따라 계산된 금액에서 이미 소득공제가 적용된 개별거주자의 출자액을 차감한다(서면 2022 법규소득3683, 2023.9.21.).

⑩ 자본시장법 제230조 제1항에 따라 환매금지형집합투자기구로 설정된 조특법 제16조 제1항 제2호에 따른 벤처기업투자신탁의 수익증권의 투자자로서 같은 조 제1항 각 목 외의 부분 본문에 따라 소득공제를 적용받은 거주자가 투자일부터 3년이 지나기 전에 신

탁계약서상 관련 규정에 따라 투자신탁 원본을 상환받는 등으로 수익증권을 환매하는 경우에는 같은 조 제2항 각 호 외의 부분 본문에 따라 이미 공제받은 소득금액에 해당하는 세액이 추징된다(서면 2023 법규소득3588, 2024.4.5.).

⑪ 주식회사가 발행한 무담보전환사채를 인수하는 방법으로 벤처기업법에 따라 벤처기업 등에 투자한 후 전환권을 행사하는 경우는 조특법 제16조 제2항 제3호에 해당하지 않는다(사전 2023 법규소득 0893, 2024.7.29.).

# 제3장

# 창업기업

# 기업편

## ❶. 창업기업이란?

중소기업의 "창업"이란 중소기업을 새로 설립하는 것을 말하며, "창업기업"이란 중소기업을 창업하여 사업을 개시한 날부터 7년이 지나지 않은 기업(법인과 개인사업자를 포함함)을 말한다(중소기업창업법 제2조 제2호·제3호). 비교하여 중소기업의 "재창업"이란 중소기업을 폐업하고 새로운 중소기업을 설립하는 것을 말한다(중소기업창업법 제2조 제5호).

### 1) 사업을 개시한 날

위의 사업을 개시한 날은 다음의 날을 말한다(중소기업창업지원법 시행령 제3조).

① 창업기업 또는 재창업기업이 법인인 경우: 법인설립등기일

② 창업기업 또는 재창업기업이 개인인 경우: 부가가치세법 제8조 제7항에 따른 사업자등록증에 기재된 개업일(다만, 중소기업창업법

제45조에 따른 공장 설립계획의 승인을 받아 사업을 개시하는 경우에는 사업자등록증에 기재된 사업자등록일)

사업자등록은 사업개시일(첫 번째 매출일) 이후 20일 이내에 하여야 하지만 사업개시일 이전에도 할 수 있다. 주로 사업개시일 전에 큰 규모의 매입(공장설립 등)이 있으면 매입세액공제를 위하여 사업개시일 이전에 사업자등록신청을 한다. 사업자등록증에는 사업자등록일이 기재되지 않는다. 사업자등록일은 사업자등록증명원에 등장한다. 세무행정에서 사업자등록일은 중요하지 않다. 단순히 사업자등록증이 생성된 날을 의미하기 때문이다.

| 구분 | 사 례 | 법령 |
|------|------|------|
| 사업<br>개시일 | 신규사업자는 사업개시일로부터 20일 이내에 사업장 관할 세무서장에게 사업자등록을 하여야 한다. 다만, 신규로 사업을 개시하려는 자는 사업개시일 전이라도 등록할 수 있다. | 부법 제8조 제1항 |
| 사업자<br>등록일 | 창업기업 확인서 신청 시 공장설립의 목적 선택의 경우 사업개시일로 등록된다. | 중소기업창업법<br>시행령제3조 |
| 사업자<br>등록<br>신청일 | 과세기간이 끝난 후 20일 이내에 등록을 신청한 경우 등록신청일부터 공급시기가 속하는 과세기간 기산일까지 역산한 기간 내의 것은 공제한다. | 부법 제39조 제1항<br>제8호 |

2) 창업으로 보지 않는 것

중소기업을 새로 설립하여 사업을 개시하는 것을 창업이라고 한다. 다만, 다음의 어느 하나에 해당하는 경우에는 창업으로 보지 않는다(중소기업창업지원법 시행령 제2조 제1항).

① 타인으로부터 사업을 상속 또는 증여받은 개인이 기존 사업과 같은 종류의 사업을 개인인 중소기업자로서 개시하는 것은 창업으로 보지 않는다.

② 개인인 중소기업자가 기존 사업을 계속 영위하면서 중소기업을 새로 설립하는 것은 창업으로 보지 않는다.

③ 개인인 중소기업자가 단독으로 또는 중기령에 따른 친족과 합하여 의결권 있는 발행주식(출자지분을 포함함) 총수의 100분의 50을 초과하여 소유하거나 의결권 있는 발행주식 총수를 기준으로 가장 많은 주식의 지분을 소유하는 법인인 중소기업을 설립하여 기존 사업과 같은 종류의 사업을 개시하는 것은 창업으로 보지 않는다.

④ 개인인 중소기업자가 기존 사업을 폐업한 후 중소기업을 새로 설립하여 기존 사업과 같은 종류의 사업을 개시하는 것(다만, 사업을 폐업한 날부터 3년 이상 지난 후에 기존 사업과 같은 종류의 사업을 개시하는 경우는 제외)은 창업으로 보지 않는다.

⑤ 법인인 기업이 의결권 있는 발행주식 총수의 100분의 50을 초과하여 소유하는 다른 법인인 중소기업을 새로 설립하여 사업을 개시하는 것은 창업으로 보지 않는다. 이 경우 소유비율은 법인인 기업과 그 소속 임원이 소유하고 있는 주식을 합산하여 계산한다.

⑥ 법인의 과점주주(국세기본법 제39조 제2호에 따른 과점주주를 말함)가 새로 설립되는 법인인 중소기업자의 과점주주가 되어 사업을

개시하는 것은 창업으로 보지 않는다.

⑦ 상법에 따른 법인인 중소기업자가 회사의 형태를 변경하여 변경 전의 사업과 같은 종류의 사업을 계속하는 것은 창업으로 보지 않는다.

창업기업에 해당하는 개인인 중소기업자가 본인이 대표자가 되어 새로 설립하는 법인인 중소기업에 기존 사업에 관한 모든 권리와 의무를 포괄적으로 이전시킨 경우에는 그 법인은 기존 창업기업으로서의 지위를 승계한다(중소기업창업지원법 시행령 제2조 제2항).

### 3) 같은 종류의 사업이란?

이때 "같은 종류의 사업"의 범위는 통계법 제22조 제1항에 따라 통계청장이 작성·고시하는 한국표준산업분류 상의 세세분류를 기준으로 한다(중소기업창업지원법 시행령 제2조 제3항).

세세분류에 의할 경우 한식, 중식, 일식은 모두 다른 업종이고, 아파트, 단독주택 건설도 다른 업종이 된다. 호텔, 여관, 콘도, 민박도 다른 업종이며, 인형과 오락용품 제조업도 다른 업종으로 창업에 해당할 수 있다. 따라서 새로운 창업의 범위가 매우 넓다고 할 수 있다.

## 세세분류상 다른 업종 예시

| 대분류 | 세세분류 |
|---|---|
| 제조업 | 인형 및 장난감 제조업 |
| | 영상게임기 제조업 |
| | 기타 오락용품 제조업 |
| 건설업 | 아파트 건설업 |
| | 기타 비주거용 건물 건설업 |
| | 단독 주택 건설업 |
| | 도배, 실내 장식 및 내장 목공사업 |
| | 포장 공사업 |
| | 도장 공사업 |
| 숙박 및 음식점업 | 호텔업 |
| | 여관업 |
| | 휴양 콘도 운영업 |
| | 민박업 |
| | 한식 일반 음식점업 |
| | 중식 음식점업 |
| | 일식 음식점업 |
| | 서양식 음식점업 |
| | 한식 면 요리 전문점 |
| | 한식 육류 요리 전문점 |

### 4) 창업에서 제외되는 업종

중소기업창업법은 창업에 적용한다. 다만, 사행산업 등 경제질서 및 미풍양속에 현저히 어긋나는 업종의 창업에 관해서는 적용하지 않는다(중소기업창업법 제5조 제1항 및 중소기업창업지원법 시행령 제4조).

  ① 일반유흥주점업

  ② 무도유흥주점업

  ③ 카지노 운영업

  ④ 기타 사행시설 관리 및 운영업

  ⑤ 그 밖에 경제질서 및 미풍양속에 현저히 어긋나는 업종으로서 중소벤처기업부령으로 정하는 업종

## **2**. **중소기업창업 지원법**(약칭: 중소기업창업법)

### 1) 중소기업창업법의 성격

중소기업창업지원법은 공법의 성격을 가지며, 특별법으로 분류된다. 이 법은 중소기업 창업을 촉진하고 창업 생태계를 조성하기 위해 특별히 제정된 법률로, 일반적인 법률 체계와는 별도로 창업 지원에 특화된 규정을 포함하고 있다.

  ① 공법: 공공의 이익을 목적으로 하며, 정부와 지방자치단체의 창업 지원 및 정책 수립에 관한 책무를 규정한다.

② 특별법: 창업과 관련된 특정한 상황과 대상에 대해 일반법보다 우선적으로 적용된다.

2) 중소기업창업법의 내용

① 자금 지원: 창업자금 융자 및 투자: 정부는 창업기업에 필요한 자금을 출연하거나 보조하며, 민간 투자를 활성화하는 제도적 기반을 제공한다.
연대보증 채무 완화 및 면제 등 금융지원 활성화

② 기술 및 혁신 지원: 창업기업의 기술혁신 역량 강화를 위해 연구개발(R&D) 지원 및 혁신 결과물의 사업화 지원.
대학, 연구기관과의 협업을 통해 창업기업이 첨단 기술에 접근할 수 있는 기회를 제공한다.

③ 판로 및 시장 개척: 창업기업 제품의 공공기관 우선 구매를 촉진해 판로를 지원.
국내외 시장 진출을 위한 판로 개척 지원 및 해외 전시회 참가 지원

④ 인력 양성: 창업기업의 인력 수요에 적합한 전문 인력 양성.
창업기업 근로자의 역량 강화를 위한 교육 및 훈련 프로그램 운영

⑤ 규제 완화: 창업 절차 간소화, 창업 관련 비용 부담 완화, 부담금 면제(예: 농지보전부담금, 개발부담금 등)

창업 저해 규제를 발굴하고 개선

⑥ 창업문화 조성: 창업 교육, 기업가정신 함양 및 확산, 창업 분위기 조성을 위한 공로 기업 발굴 및 홍보

⑦ 특화된 지원: 신산업 및 기술창업에 집중 육성 및 협의체 운영. 재창업을 위한 자금 및 인프라 지원

# 3. 개인사업자 창업

## 1) 개인사업자의 개념

"개인사업자"란 등록된 대표자가 경영의 모든 책임을 지는 사업자를 말한다.

개입사업자는 기업을 설립하는데 상법에 따른 별도의 회사설립 절차가 필요하지 않아 사업자등록만으로 창업할 수 있고, 휴·폐업이 비교적 쉽다.

개인사업자는 기업이 완전한 법인격이 없으므로 소유와 경영이 소유자에게 종속하는 기업형태이고, 법인사업자는 기업이 완전한 법인격을 가지고 스스로의 권리와 의무의 주체가 되어 기업의 소유자로부터 분리되어 영속성을 존재할 수 있는 기업형태이다.

개인과 법인의 가장 큰 차이는 세율이다. 개인이 2억 원을 벌면 38%의 세율이 적용되지만 법인은 9%의 세율이 적용된다.

## 〈개인사업자와 법인사업자의 비교〉

| 구분 | 개인사업자 | 법인사업자 |
|------|-----------|-----------|
| 창업절차 | 관할 관청에 인·허가 신청(필요한 경우)<br>세무서에 사업자등록 신청 | 관할 관청에 인·허가 신청(필요한 경우)<br>법원에 설립등기 신청<br>세무서에 사업자등록 신청 |
| 자금조달 | 사업주 1인의 자본과 노동력 | 주주를 통한 자금조달 |
| 사업책임 | 사업상 발생하는 모든 문제를 사업주가 책임 | 법인의 주주는 출자한 지분 한도 내에서만 책임 |
| 해당 과세 | 사업소득세 과세 | – 법인: 법인세<br>– 대표자: 근로소득세<br>– 주주: 배당소득세 |
| 장점 | 기업활동이 자유롭고, 신속한 계획수립 및 변경이 가능<br><br>일정 규모 이상으로는 성장하지 않는 중소규모의 사업에 적합<br><br>인적조직체로서 제조방법, 자금운용상의 비밀유지가 가능 | 대외공신력과 신용도가 높기 때문에 금융기관 등과의 거래에 유리<br><br>주식회사는 신주발행 및 회사채 발행 등을 통한 자본조달 용이<br><br>일정 규모 이상으로 성장 가능한 유망사업의 경우에 적합 |
| 단점 | 대표자는 채무자에 대하여 무한책임을 지고, 대표자가 바뀌는 경우에는 폐업을 하고, 신규로 사업자등록을 해야 하므로 기업의 계속성이 단절된다. | 대표자가 기업자금을 개인용도로 사용하면 회사는 대표자로부터 이자를 받아야 하는 등 세제상의 불이익이 있다. |

## 2) 사업의 인·허가

개인사업자로 창업을 하려는 자는 대부분의 업종에 대해서 특별한 규제나 제한 없이 사업을 영위할 수 있으나 특정한 업종의 경우에는 관계 법령에 따라 사업개시 전에 행정관청으로부터 사업에 관한 허가를 받아야 하거나 행정관청에 등록 또는 신고를 마쳐야 하는 경우가 있다. 창업하는 업종에 대한 사업허가·등록·신고사항의 점검은 업종선정 과정과 함께 창업절차에 있어서 우선적으로 검토해야 할 사항이다. 왜냐하면, 인·허가 업종으로서 사업허가나 등록·신고 등을 하지 않고 사업을 하게 되면 불법이 되어 행정관청으로부터 사업장 폐쇄, 과태료, 벌금 등의 불이익 처분을 받게 될 뿐만 아니라, 세무서에 사업자등록을 신청할 때도 사업허가증이나 사업등록증 또는 신고필증을 첨부하지 않으면 사업자등록증을 받을 수 없기 때문이다.

### 3) 사업자등록 신청

사업자는 사업장마다 다음의 서류를 사업개시일부터 20일 이내에 사업장 관할 세무서장에게 제출하여 사업자등록을 신청해야 한다. 다만, 신규로 사업을 시작하려는 자는 사업개시일 전이라도 사업자등록을 신청할 수 있다(부법 제8조 제1항, 부령 제11조 제1항, 부칙 제9조 제2항, 별지 제4호서식).

#### ① 사업자등록 필요서류

다음 구분에 따른 서류(부가가치세법 제8조 제1항, 부령 제11조 제3항·제4항, 부칙 제9조 제3항, 별지 제6호서식 및 별지 제7호서식)

| 구 분 | 첨부서류 |
|---|---|
| 1. 법령에 따라 허가를 받거나 등록 또는 신고를 해야 하는 사업의 경우 | 사업허가증 사본, 사업등록증 사본 또는 신고확인증 사본 |
| 2. 사업장을 임차한 경우 | 임대차계약서 사본 |
| 3. 「상가건물 임대차보호법」 제2조 제1항에 따른 상가건물의 일부분만 임차한 경우 | 해당 부분의 도면 |
| 4. 조특법 제106조의3 제1항에 따른 금지금 도매 및 소매업 | 사업자금명세 또는 재무상황 등을 확인할 수 있는 자금출처 명세서 |
| 5. 「개별소비세법」 제1조 제4항에 따른 과세유흥장소에서 영업을 경영하는 경우 | 사업자금명세 또는 재무상황 등을 확인할 수 있는 자금출처 명세서 |
| 6. 부가가치세법 제8조 제3항부터 제5항까지에 따라 사업자 단위로 등록하려는 사업자 | 사업자 단위과세 적용 사업장 외의 사업장에 대한 위의 서류 및 소재지·업태·종목 등이 적힌 사업자등록증 |
| 7. 액체연료 및 관련제품 도매업, 기체연료 및 관련제품 도매업, 차량용 주유소 운영업, 차량용 가스 충전업, 가정용 액체연료 소매업과 가정용 가스연료 소매업 | 사업자금 명세 또는 재무상황 등을 확인할 수 있는 자금출처명세서 |
| 8. 재생용 재료 수집 및 판매업 | 사업자금 명세 또는 재무상황 등을 확인할 수 있는 자금출처명세서 |

• 법인설립등기 전인 경우에는 사업허가신청서 사본, 사업등록신청서 사본, 사업신고서 사본 또는 사업계획서로 대신할 수 있다.

② 사업자 단위 등록

사업장 단위 등록에도 불구하고 둘 이상의 사업장이 있는 사업자(사업장이 하나이나 추가로 사업장을 개설하려는 사업자를 포함함)는 사업자 단위로 해당 사업자의 본점 또는 주사무소("사업장 단위

과세 적용 사업장"이라 함)에 대하여 다음의 서류를 관할 세무서장에게 제출하여 사업자등록을 신청할 수 있다(부가가치세법 제8조 제3항, 부령 제11조 제2항, 부칙 제9조 제2항 및 별지 제4호서식).

소득세법에 따라서도 사업자등록을 해야 하나, 부가가치세법에 따라 사업자등록을 하는 경우 소득세법에 따라 사업자등록을 한 것으로 보게 되므로, 별도로 소득세법에 따른 사업자등록은 하지 않아도 된다(소득세법 제168조 제2항).

### 4) 미등록 시 불이익

#### ① 가산세의 부담

사업자등록을 신청기한 내에 하지 않은 경우에는 사업개시일부터 등록을 신청한 날의 직전일까지의 공급가액의 합계액에 1%가 가산세로 부과된다(부가가치세법 제60조 제1항 제1호).

#### ② 매입세액 불공제

사업자등록을 하지 않으면 등록 전의 매입세액은 공제를 받을 수 없다. 다만, 공급시기가 속하는 과세기간이 끝난 후 20일 이내에 등록을 신청한 경우 등록신청일부터 공급시기가 속하는 과세기간 기산일까지 역산한 기간 이내의 매입세액은 공제받을 수 있다(부가가치세법 제39조 제1항 제8호).

# 4. 창업 법인의 설립

중소·벤처기업을 창업하려는 법인사업자는 법인의 설립을 통해 사업을 시작하게 된다. 이 경우 법인은 영리를 목적으로 영업을 수행하므로 상법상 회사에 해당한다(상법 제169조).

## 1) 회사의 분류

회사는 다음과 같이 합명회사, 합자회사, 유한책임회사, 주식회사, 유한회사 5가지로 분류할 수 있다(상법 제170조).

| 구분 | 개념 | 설립행위 | 기관구성 |
|---|---|---|---|
| 합명회사 | 무한책임사원으로 구성되며 각 사원이 회사의 채무에 대하여 연대하여 무한의 책임을 지는 회사(상법 제212조) | 2명 이상의 사원이 공동으로 정관을 작성하고 설립등기를 함으로써 성립(상법 제178조 및 제180조) | 무한책임사원은 업무집행권리와 회사를 대표할 권리를 가짐(상법 제200조 및 제207조) |
| 합자회사 | 무한·유한책임사원으로 구성되며 무한책임사원은 회사의 채무에 대하여 연대하여 무한의 책임을 지고, 유한책임사원은 출자금액의 한도 내에서 책임을 지는 회사(상법 제268조) | 합자회사는 무한책임사원이 될 사람과 유한책임사원이 될 사람이 각각 1명 이상으로 하여 정관을 작성한 후 설립등기를 함으로써 성립(상법 제268조 및 제271조) | 무한책임사원은 회사의 업무를 집행할 권리와 의무가 있으며(상법 제273조), 유한책임사원은 업무감시권이 있음(상법 제277조 및 제278조) |
| 유한책임회사 | 유한책임사원으로 구성되며, 각 사원이 출자금액의 한도에서 책임을 지는 회사(상법 제287조의7). | 유한책임회사는 사원이 정관을 작성하고 설립등기를 함으로써 성립(상법 제278조의2 및 제278조의5). | 정관으로 사원 또는 사원이 아닌 자를 업무집행자로 정해야 하며, 정관 또는 총사원의 동의로 둘 이상의 업무집행자가 공동으로 회사를 대표할 수 있음(상법 제287조의19 및 제287조의19) |

| 구분 | 개념 | 설립행위 | 기관구성 |
|------|------|---------|----------|
| 주식<br>회사 | 회사는 주식을 발행하며 주주는 인수한 주식의 인수가액을 한도로 책임을 지는 회사(상법 제331조) | 주식회사는 발기인이 정관을 작성하여 공증인의 인증을 받은 후 각 주식에 대한 인수가액의 전액과 현물출자의 이행을 완료한 후 설립등기를 함으로써 성립(상법 제172조) | 주식회사는 의사결정기관으로 주주총회, 업무집행기관으로 이사회 및 대표이사, 감사기관으로 감사가 존재함 |
| 유한<br>회사 | 각 사원이 출자금액 한도 내에서 책임을 지는 회사(상법 제553조) | 유한회사는 정관을 작성하고 출자금액의 납입 또는 현물출자의 이행이 있은 후 설립등기를 함으로써 성립(상법 제548조 및 제549조) | 유한회사의 의사결정기관은 사원총회이며, 사원총회는 회사의 업무집행을 포함한 모든 사항에 대하여 의사결정을 할 수 있음 |

## 2) 회사의 설립

대표적으로 주식회사의 설립단계는 다음과 같다.

① 발기인의 정관작성 등: 발기인은 회사의 설립목적 및 명칭을 정하고 정관을 작성하며 회사설립 시 발행하는 주식에 대해서 그 종류와 수 및 액면금액을 결정한다(상법 제291조).

② 주식회사 설립방법 결정: 발행한 주식을 인수할 대상자(발기인만 또는 발기인과 모집주주)를 결정하여 주식회사 설립방법(발기설립 또는 모집설립)을 결정한다.

발기설립(發起設立)은 회사 설립 시에 발행하는 주식 전부를 발기인들이 인수하는 경우에 설립하는 절차를 말하고, 모집설립(募集設

立)은 회사 설립 시에 발행하는 주식 일부는 발기인이 인수하고 나머지는 주주들을 모집하여 그들이 인수하는 경우에 설립하는 절차를 말한다.

〈발기설립과 모집설립 비교〉

| 구분 | 발기설립 | 모집설립 |
|---|---|---|
| 기능 | 주로 소규모의 회사설립에 용이 | 대규모의 자본을 조달하는데 용이 |
| 주식인수 방식 | 청약의 방법을 법정하지 않은 단순한 서면주의(상법 제293조) | 요식의 기재사항이 법정되어 있는 주식청약서로 청약해야 함(상법 제302조 제1항) |
| 출자의 불이행 | 발기인이 출자이행을 하지 않으면 강제이행을 함(민법 제389조) | 출자이행을 불이행할 경우 실권절차를 규정하고 있음(상법 제307조) |
| 기관구성 | 발기인 의결권의 과반수로 이사와 감사를 선임 | 주식인수인으로 구성된 창립총회에서 출석한 주식인수인의 의결권의 3분의 2 이상이며 인수된 주식총수의 과반수에 해당하는 다수로 선임 |

③ 주식회사 설립등기 등

발기인이 주식의 총수를 인수하여 출자를 이행한 후 또는 발기인이 주주를 모집하여 창립총회가 종결한 때에는 회사 본점소재지를 관할하는 법원등기소에 주식회사 설립등기를 하면 주식회사가 성립한다(상법 제172조 및 제317조). 회사설립 등기를 해야 회사 명의로 영업을 할 수 있다. 설립등기를 한 후 납세지 관할 세무서장에게 법인설립신고 및 사업자등록을 해야 한다(법인세법 제109조 및 제111조).

## 3) 설립하는 회사가 벤처기업인 경우

회사설립 등기를 신청하기 위해서는 설립등기를 위한 일반서류 외 벤처기업 확인서를 제출해야 한다. 벤처기업 확인서를 발급받기 위해서는 해당 기업이 어떤 벤처확인 유형에 속하는지를 확인(벤처확인종합관리시스템 접속 → 제도안내 → 벤처기업 확인 요건)하여 해당 유형의 확인기관장에게 벤처기업 확인을 신청한다. 확인기관장이 해당 회사가 벤처기업 요건에 적합하다고 판단하는 경우에는 벤처기업 확인서를 발급한다.

## 4) 회사의 상호

상호는 주식회사를 운영하는 사람이 영업상 자신을 표시하기 위하여 사용하는 명칭이다. 상호는 문자로 표시되어 발음할 수 있어야 하므로 기호·도형·문양 등은 상호로 사용할 수 없으며, 회사의 상호에 반드시 '주식회사'라고 표시해야 한다(상법 제19조).

동일한 영업에는 동일한 상호를 사용해야 하며, 설립하려는 주식회사에 지점이 있는 경우에는 지점의 상호에 본점과의 종속관계를 표시해야 한다(상법 제21조).

누구든지 부정한 목적으로 다른 사람의 영업으로 오인(誤認)할 수 있는 상호를 사용하지 못한다(상법 제23조 제1항). 「부정경쟁방지 및 영업비밀보호에 관한 법률」에서는 사업자 간에 부정한 수단으로 경쟁하는 것을 방지하기 위하여 부정한 상호사용을 금지하고 있다

(「부정경쟁방지 및 영업비밀보호에 관한 법률」 제2조 제1호 가목부터 다목까지).

대법원인터넷등기소(www.iros.go.kr)를 이용하여 온라인에서 직접 상호를 검색할 수 있다. 대법원 인터넷등기소에 접속하여, '법인등기' 선택 → '열람' 선택 → '상호로 검색'에서 '전체 등기소' 선택 → '법인종류'에서 설립할 회사의 종류로 검색(예: 설립할 회사가 주식회사인 경우에는 주식회사 선택하여 검색) → '상호' 검색하여 동일명칭의 회사가 있는지를 확인할 수 있다.

### 5) 법인설립신고 및 사업자등록 신청

법인은 사업장마다 해당 사업개시일부터 20일 이내에 다음의 서류를 납세지(본점 또는 주사무소 소재지) 관할 세무서장에게 제출하여 법인설립신고 및 사업자등록을 해야 한다(법법 제109조 제1항, 제111조 제1항·제2항, 법령 제152조 제1항, 제154조 제1항 및 법칙 별지 제73호서식).

- 법인설립신고 및 사업자등록신청서
- 정관 1부
- 임대차계약서 사본(사업장을 임차한 경우만 해당한다) 1부
- 「상가건물 임대차보호법」의 적용을 받는 상가건물의 일부를 임차한 경우에는 해당 부분의 도면 1부
- 주주 또는 출자자명세서 1부

- 사업허가·등록·신고필증 사본(해당 법인만 해당함) 또는 설립 허가증 사본(비영리법인만 해당함) 1부
- 현물출자명세서(현물출자법인의 경우만 해당함) 1부
- 자금출처소명서(2008년 7월부터 금지금 도·소매업 및 과세유 흥장소에의 영업을 영위하려는 경우만 해당함) 1부
- 본점 등의 등기에 관한 서류(외국법인만 해당함) 1부
- 국내사업장의 사업영위 내용을 입증할 수 있는 서류(외국법인만 해당하며, 담당 공무원 확인사항에 의하여 확인할 수 없는 경우만 해당함) 1부

## 제2절
# 지원편

## ① . 지식산업센터 입주

### 1) 지식산업센터의 개념

기존의 "아파트형 공장"이 "지식산업센터"로 명칭 변경되었다. "지식산업센터"란 동일건축물에 제조업, 지식산업 및 정보통신산업을 영위하는 자와 지원시설이 복합적으로 입주할 수 있는 다음의 요건을 갖춘 건축물을 말한다(「산업집적활성화 및 공장설립에 관한 법률」 제2조 제13호, 「산업집적활성화 및 공장설립에 관한 법률 시행령」 제4조의6).

① 지상 3층 이상의 집합건축물일 것

② 공장, 지식산업의 사업장 또는 정보통신산업의 사업장이 6개 이상 입주할 수 있을 것

③ 바닥면적(지상층만 해당함)의 합계가 건축면적의 300퍼센트 이상일 것(다만, 용적률을 특별시·광역시·특별자치시·특별자치도·시

또는 군의 조례로 따로 정한 경우나 「산업기술단지 지원에 관한 특
례법」 제8조에 따른 면적을 준수하기 위한 경우에 해당하여 바닥면
적의 합계가 건축면적의 300퍼센트 이상이 되기 어려운 경우에는
해당 법령이 허용하는 최대 비율로 함)

## 2) 입주자격

지식산업센터에 입주할 수 있는 시설은 다음과 같다(「산업집적활
성화 및 공장설립에 관한 법률」 제28조의5 제1항 및 「산업집적활성
화 및 공장설립에 관한 법률 시행령」 제36조의4).

① 제조업

② 「산업집적활성화 및 공장설립에 관한 법률 시행령」 제6조 제2항에
　　따른 지식기반산업

③ 「산업집적활성화 및 공장설립에 관한 법률 시행령」 제6조 제3항에
　　따른 정보통신산업

④ 그 밖에 특정 산업의 집단화와 지역경제의 발전을 위하여 지식산업
　　센터에의 입주가 필요하다고 인정하는 다음의 사업을 운영하기 위
　　한 시설

| 구분 | 비 고 |
|---|---|
| 산업단지 안의 지식산업센터의 경우 | 「산업집적활성화 및 공장설립에 관한 법률」 제2조 제18호에 따른 산업에 해당하는 사업으로서 관리기관이 인정하는 사업 |
| 산업단지 밖의 지식산업센터의 경우 | 시장·군수 또는 구청장이 인정하는 사업 |

⑤ 벤처기업법 제2조 제1항에 따른 벤처기업을 운영하기 위한 시설

⑥ 그 밖에 입주업체의 생산 활동을 지원하기 위한 시설로서 다음에 해당하지 않는 시설

- 한국표준산업분류에 따른 대분류 중 농업·임업 및 어업·광업·제조업(건축법 시행령 별표 1 제3호에 따른 제1종 근린생활시설 및 제4호에 따른 제2종 근린생활시설에 입주하여 영위할 수 있는 제조업은 제외)의 사업을 하기 위한 시설
- 「사행행위 등 규제 및 처벌 특례법」에 따른 사행행위영업을 하기 위한 시설
- 「건축법 시행령」 별표 1에 용도별 건축물의 종류 중 「산업집적활성화 및 공장설립에 관한 법률 시행령」 제36조의4 제2항 제3호 각 목에 해당하는 시설
- 시장·군수 또는 구청장이나 관리기관이 해당 지식산업센터 입주업체의 생산 활동에 지장을 줄 수 있다고 인정하는 시설

### 3) 본래의 목적과 다른 이용

「수도권정비계획법」 등에서 다른 공장 또는 다른 건축물과 허가(승인) 등의 기준이 다르고, 「산업집적활성화 및 공장설립에 관한 법률」 제28조의5에서 입주대상시설을 제한하고 있는 규정 취지상 입주대상이 아닌 시설을 지식산업센터에 설치하는 것은 허용되지 않는다고 보아야 한다.

### 4) 사전에 입주예정자와 협의하여 착공하는 경우 비공개 모집이 가능한지

「산업집적활성화 및 공장설립에 관한 법률」 제28조의4 제2항 및 동법 시행령 제36조의3에서 지식산업센터의 입주자를 비공개로 모집할 수 있는 범위를 정하고 있는 바, 공장의 집단화 또는 특정업종의 유치를 위하여 미리 입주할 대상자를 정할 필요가 있다고 승인권자가 인정하는 경우에는 입주자를 비공개로 모집할 수 있다.

## 2. 중소기업상담회사

"중소기업상담회사"란 중소기업의 사업성 평가, 경영 및 기술향상을 위한 용역수행 사업, 자금조달·운용에 대한 자문 및 대행과 창업절차의 대행 등의 사업을 영위하기 위해 중소기업창업법 제54조에 따라 등록한 회사를 말한다(중소기업창업법 제54조 제1항 참조 및

「중소기업 창업지원업무 운용규정」).

　중소기업상담회사로 등록하려면 상법에 따른 회사로서 납입자본금이 5천만 원 이상이거나 「협동조합 기본법」에 따른 협동조합 등 및 사회적협동조합 등, 「중소기업협동조합법」에 따른 중소기업협동조합으로 조합원이 납입한 출자금 총액이 5천만 원 이상이어야 하고, 일정한 전문인력 및 시설을 보유해야 하므로(중소기업창업법 제54조 제2항 및 「중소기업창업 지원법 시행령」 제31조 제1항), 보다 전문적인 상담이 가능한다.

　1) 중소기업상담회사의 업무

　중소기업을 창업하려는 자는 중소기업상담회사로부터 다음과 같은 창업상담 및 창업지원을 받을 수 있다(중소기업창업법 제54조 제1항 참조).
- 중소기업의 사업성 평가
- 중소기업의 경영 및 기술 향상을 위한 용역
- 중소기업에 대한 사업의 알선
- 중소기업의 자금 조달·운용에 대한 자문 및 대행
- 창업 절차의 대행
- 창업보육센터의 설립·운영에 대한 자문
- 위 1.부터 6.까지의 사업에 딸린 사업으로서 중소벤처기업부장관이 정하는 사업

## 2) 중소기업상담회사와의 용역계약체결 및 용역비 지원

중소기업상담회사가 창업자와 용역계약을 체결할 때에는 서면으로 해야 하며, 용역계약서에는 다음의 내용이 포함되어야 한다(「중소기업 창업지원업무 운용규정」 제5조).

- 고객의 성명 또는 회사명과 대표자, 주소, 업종 및 품목
- 계약일 및 용역수행기간
- 용역의 내용·범위·방법 및 조건
- 용역비 및 그 징수방법
- 계약의 변경 및 해지에 관한 사항 등

중소기업 창업자가 중소기업상담회사와 다음의 어느 하나에 해당하는 용역계약을 체결하면 중소벤처기업부장관으로부터 용역대금의 100분의 80의 범위에서 지원받을 수 있다(중소기업창업법 제54조 제3항, 중소기업창업법 시행령 제32조 제1항 및 「중소기업 창업지원업무 운용규정」 제6조 제2항).

- 창업예비자에 대한 사업타당성 검토용역
- 창업자에 대한 경영·기술지도 용역
- 창업자에 대한 절차대행용역
- 사전환경성검토서 작성대행용역

# 3. 창업보육센터

"창업보육센터"란 창업의 성공 가능성을 높이기 위하여 창업기업 및 예비창업자를 대상으로 시설과 장소를 제공하고, 기술의 공동연구·개발 및 지도·자문, 자금의 지원·알선, 경영·회계·세무 및 법률에 관한 상담 등 창업 및 성장에 필요한 각종 지원을 수행하는 조직 또는 시설을 말한다(창업보육센터 운영요령 제2조 제1호 및 제2호).

창업보육센터(business incubator)는 기술과 아이디어는 있으나, 제반 창업여건이 취약하여 사업화에 어려움을 겪고 있는 창업초기기업(예비창업자)을 일정 기간 입주시켜 기술개발에 필요한 범용기기 및 작업장제공, 기술 및 경영지도, 자금지원 등 창업에 필요한 종합적인 지원을 하는 사업을 말한다. 현재 창업보육센터네트워크 시스템에서는 이러한 창업보육 관련하여 기술개발부문, 경영부문, 행정부문, 자금부문 등의 지원 프로그램을 제공하고 있다.

## 1) 창업보육센터 입주대상자

보육센터에 새로이 입주할 수 있는 자는 창업을 하려는 개인 등 예비창업자이거나 입주 신청일 현재 중소기업을 창업하여 사업을 개시한 날로부터 7년이 경과되지 않은 기업으로 하며, 초기창업기업은 우대받을 수 있다(창업보육센터 운영요령 제26조 제1항, 중소기업창업법 제2조 제3호 및 제4호).

## 2) 입주자 선정기준

보육센터가 특화분야를 육성하고자 할 때에는 동 분야의 입주신청자를 우대할 수 있다(창업보육센터 운영요령 제27조 제1항).

보육센터 입주 신청자가 다른 사업자가 운영 중인 보육센터에 입주경력이 있을 경우 입주가 거부될 수 있다(창업보육센터 운영요령 제27조 제2항).

보육센터는 장기복무 제대군인, 교수·연구원 창업기업, 대학(원)생 및 정부에서 실시하는 창업지원사업에 참여한 (예비)창업자, 숙련기술인 등 체계적인 창업보육이 필요하다고 인정되는 대상에 대해 입주자 선정 시 우대할 수 있다(창업보육센터 운영요령 제27조 제3항).

## 3) 입주기간 및 입주연장

보육센터 입주기간은 입주개시일부터 6개월 이상 3년 이내로 한다. 다만, 생명공학, 나노공학 등 장기보육이 필요한 첨단기술업종을 영위하는 입주자 또는 생산형 입주자에 대하여는 7년을 초과하지 않는 범위 내에서 최대 2년간 입주기간을 연장할 수 있다(창업보육센터 운영요령 제28조 제1항).

## 4) 창업보육부담금

보육센터는 입주자에게 입주보증금, 관리비, 시설 및 장비 사용료

등 실비를 부담시킬 수 있다(창업보육센터 운영요령 제29조 제1항).

　보육센터가 입주자와 계약에 의해 보육에 대한 보상으로 주식 또는 매출액의 일정 부분 등을 수취하려고 할 때에는 다음의 경우에 한한다. 이 경우 계약조건은 입주자와 사전협의를 거쳐 결정해야 한다(창업보육센터 운영요령 제29조 제2항).

- 관리비의 면제 또는 시가 보다 저렴하게 수취한 경우
- 보유 기술을 입주기업에게 이전한 경우
- 기술 개발 및 경영 관련 자금을 지원한 경우
- 경영, 기술, 판로 지원 등 보육서비스를 제공한 경우

### 5) 입주기업에 대한 지원

① 보육센터는 입주자의 경영능력 및 기술수준을 향상시키기 위해 입주자에게 세무, 회계, 마케팅, 기술 등에 대한 지도 및 연수를 실시해야 한다(창업보육센터 운영요령 제30조 제1항).
보육센터는 입주자에 대하여 기술개발 및 시제품 제작에 필요한 자금 등을 지원할 수 있다(창업보육센터 운영요령 제30조 제2항).

② 국가는 국유재산법 및 그 밖의 다른 법령에도 불구하고 창업의 성공 가능성을 높이기 위하여 필요한 경우 창업보육센터에 입주한 자에 대하여 국유재산의 사용료를 감면할 수 있다(중소기업창업법 제53조 제3항).

③ 국가가 위에 따라 국유재산의 사용료를 감면하는 경우 입주자에 대

한 국유재산의 연간 사용료는 해당 재산가액에 100분의 1을 곱한 금액을 말한다(중소기업창업법 제53조 제4항 및 중소기업창업법 시행령 제29조 제1호).

④ 국유재산을 사용 허가하는 경우 그 기간은 국유재산법 제35조에서 정하는 바에 따른다(중소기업창업법 제53조 제5항).

⑤ 지방자치단체는 「공유재산 및 물품 관리법」 및 그 밖의 다른 법령에도 불구하고 입주자에게 공유재산의 사용료를 감면할 수 있다(중소기업창업법 제53조 제6항).

## 6) 입주기업의 퇴거

보육센터는 입주자가 다음의 어느 하나에 해당하는 경우에는 입주계약기간 만료일 이전이라도 입주계약을 해지하고 퇴거시킬 수 있다(창업보육센터 운영요령 제31조 제1항).

① 창업전망이 불투명하거나 사업계획서상의 사업을 이행하지 않는 경우

② 국세체납, 부도 등으로 인한 강제집행, 파산, 화의개시, 회사정리개시 또는 경매절차개시 통지를 받은 경우

③ 보육센터의 창업보육 관련 제반 규정을 위반하는 경우

④ 그 밖에 창업보육 목적에 부합되지 않거나 사업의 추진이 불가능하다고 인정되는 경우

## 7) 졸업기업에 대한 사후관리

보육센터는 졸업기업에 대해 3년간(졸업연도 포함) 사업의 계속 여부 등을 관리해야 한다(창업보육센터 운영요령 제32조).

# ④. 창업동아리

## 1) 창업동아리 지원

중소벤처기업부장관은 대학(원)생 및 고등학생의 창업연구와 창업아이템개발 등 구체적인 창업활동을 지원하기 위하여 대학(원)교 및 고등학교의 창업동아리를 지정하여 창업지원자금을 지원할 수 있다(「중소기업 창업지원업무 운용규정」 제10조 제1항).

## 2) 활동비 지원 신청

중소벤처기업부장관은 창업활동 촉진 및 정보교류를 위하여 창업동아리 간에 구성된 동아리연합회에 대하여 그 활동에 필요한 비용을 지원할 수 있으며, 지정된 창업동아리는 창업아이템개발 등 창업활동에 필요한 창업지원자금을 중소벤처기업부장관에게 신청할 수

있다(「중소기업 창업지원업무 운용규정」 제10조 제2항 및 제11조 제1항).


## ⑤. 창업자금 지원

### 1) 창업 중소기업에 대한 자금 지원

중소벤처기업부 등 정부에서는 성공적인 창업과 지속적인 성장을 지원하기 위하여 매년 정부창업지원사업을 공고하고 있다. 정부 창업지원사업에 대한 자세한 사항은 중소벤처기업부, 매년 중앙부처 및 지자체 창업지원사업 통합공고에서 확인하실 수 있다.

### 2) 융자대상 및 방식

중기법 제2조에 따른 중소벤처기업에게 시설자금과 운전자금으로 구분하여 대출한다.

대출방식은 직접대출, 대리대출, 성장공유형, 이차보전 등으로 구분된다.

① 직접대출: 중소벤처기업진흥공단(이하 중진공)이 직접 기업에 정책자금 대출한다.

② 대리대출: 대리대출 취급 은행을 통해 기업에 정책자금 대출

③ 성장공유형: 융자에 투자요소를 복합한 방식으로 성장가치가 큰 중소·벤처기업이 발행한 전환사채 등을 중진공이 인수한다.

④ 이차보전: 기업이 취급 은행과 대출 상담 후 중진공에 이차보전 신청하면 중진공이 기업평가를 통해 이차보전 대상 기업을 결정하여, 은행에서 대출 후, 중진공이 은행에 이차보전금 정산한다.

## 6. 신용보증

신용보증은 담보 능력이 부족한 기업에 대하여 KODIT 신용보증기금이 기업의 신용도를 심사하여 신용보증서를 제공함으로써 금융회사로부터 대출을 받을 수 있도록 하는 제도이다.

### 1) 중소기업 등에 대한 우선적 신용보증

신용보증기금은 담보력이 미약한 중소기업과 수출지원금융자금, 기업의 생산성 향상에 기여하는 등 국민경제상 특히 필요한 자금에 대해 우선적으로 신용보증을 해줍니다(「신용보증기금법」 제3조 및 「신용보증기금법 시행령」 제4조).

### 2) 창업기업 대상 보증·지원

신용보증기금에서는 창업초기기업의 성장단계별로 구분하여 유망창업기업 성장지원 프로그램과 대표자의 나이에 따른 청년희망드

림보증, 신중년행복드림보증 등 창업활성화 맞춤형 프로그램 보증
상품을 두고 있다.

### 3) 보증절차

① 보증신청 및 상담: 신보 홈페이지 내 신용보증 플랫폼 또는 모바일
앱을 통해 보증상담 신청하면 신규기업은 영업점 방문하여 상담하
고, 기존 보증거래 기업은 방문상담 없이 전화상담으로 가능하다.

② 자료수집 및 신용조사: 신용조사 및 보증심사에 필요한 자료를 수
집하여 신보 홈페이지 내 신용보증플랫폼 또는 모바일 앱을 통해 자
료를 제출할 수 있다. 수집된 자료 및 담당자 현장출장 등을 통해 신
용조사를 한다.

③ 보증심사 및 승인: 신용평가 실시하여 신용등급을 산출한다. 각종
검토표 충족 여부를 검토하여 보증자원 가능 여부 및 보증금액을 결
정하여 보증서를 발급한다.

# 특례편

## 1. 법인전환이란?

"법인전환"이란 개인사업자의 조직형태를 법인사업자의 조직형태로 바꾸는 것을 말한다.

법인사업자는 개인사업자에 비해 기업의 대외신용도를 높일 수 있어 자금조달이 용이하고, 법인사업자로 기업을 운영하는 것이 개인사업자보다 세(稅) 부담이 적다는 장점이 있다.

이에 따라 개인사업자의 사업규모가 일정 규모 이상으로 성장한 경우에는 법인세율과 소득세율의 차이로 인해 법인사업자로 사업을 운영하는 것이 세 부담 측면에서 유리하므로 법인전환이 많이 이용되고 있다.

### 1) 일반적인 법인전환 방식

일반적인 법인전환 방식은 조특법에 따른 조세감면을 받지 않는 법인전환 방식이다. 이러한 방식은 세제 혜택을 받을 수 없거나 지원받을 부동산 등을 소유하지 않는 소규모 제조업자 등의 개인사업자가 법인으로 전환할 경우에 이용된다.

일반적인 법인전환 방식은 우선 상법에 따른 법인을 설립하고 개인사업자와 법인 간의 영업 양도·양수 계약을 체결한 다음, 법인 설립신고 및 사업자등록 신청을 한 후 개인사업자 폐업신고 및 재산을 이전하는 방식으로 이루어집니다.

### 2) 조특법에 따른 법인전환 방식

조특법에 따른 법인전환 방식은 법인으로 전환하는 개인사업자가 토지나 건물, 공장 등 부동산을 소유하고 있는 경우에 이를 신설되는 법인으로 이전함에 있어서 조특법에 따라 양도소득세를 이월과세 받거나 취득세·등록세 등을 면제받을 경우에 이용되는 방식이다.

조특법에 따른 법인전환 방식은 ① 현물출자 또는 사업 양도·양수의 방법에 따른 법인전환(조특법 제32조), ② 중소기업 간 통합에 의한 법인전환(조특법 제31조)으로 구분할 수 있다.

## 2. 양도소득세의 이월과세

개인사업자가 사업용 고정자산을 현물출자하거나, 사업 양도·양수의 방법에 따라 법인으로 전환하는 경우에는 그 사업용 고정자산에 대해서는 이월과세를 적용받을 수 있다(조특법 제32조 제1항).

"이월과세(移越課稅)"란 개인이 해당 사업에 사용되는 사업용 고정자산 등을 현물출자 등을 통하여 법인에 양도하는 경우 이를 양도하는 개인에 대해서는 소득세법 제94조에 따른 양도소득에 대한 소득세(이하 "양도소득세"라 함)를 과세하지 않고, 그 대신 이를 양수한 법인이 그 사업용 고정자산 등을 양도하는 경우 개인이 종전 사업용 고정자산 등을 그 법인에 양도한 날이 속하는 과세기간에 다른 양도자산이 없다고 보아 계산한 소득세법 제104조에 따른 양도소득 산출세액 상당액을 법인세로 납부하는 것을 말한다(조특법 제2조 제6호).

### 1) 이월과세 적용요건

#### ① 소비성서비스업이 아닐 것

소비성서비스업(호텔업 및 여관업(관광진흥법에 따른 관광숙박업은 제외함) 및 주점업(일반유흥주점업, 무도유흥주점업 및 「식품위생법 시행령」 제21조에 따른 단란주점 영업만 해당하되, 관광진흥법에 따른 외국인 전용 유흥음식점업 및 관광유흥음식점업은 제외함)을 경영하는 법인은 이월과세를 적용받을 수 없다(조특법 제32조 및 조특령 제29조 제3항).

#### ② 소멸하는 개인사업장의 순자산가액 이상을 출자하여 법인을 설립할 것

사업용 고정자산을 현물출자하거나 사업 양도·양수하여 법인으로 전환하는 사업장의 순자산가액이 다음의 금액 이상인 경우에만 이월과세를 적용하여 양도소득세를 감면할 수 있다(조특법 제32조 제2항, 조특령 제28조 제1항 제2호 및 제29조 제5항).

③ 법인전환으로 인하여 소멸하는 사업장의 중소기업자가 해당 전환으로 인하여 취득하는 주식 또는 지분의 가액이 전환으로 인하여 소멸하는 사업장의 순자산가액(통합일 현재의 시가로 평가한 자산의 합계액에서 충당금을 포함한 부채의 합계액을 공제한 금액을 말함) 이상(조특법 제32조 제2항, 조특령 제28조 제1항 제2호 및 제29조 제5항)

④ 사업 양도·양수의 경우 발기인으로 참여하고 3개월 이내에 포괄 양도할 것

사업의 양도·양수의 경우에는 해당 사업을 영위하던 자가 발기인이 되어 순자산가액 이상을 출자하여 법인을 설립하고, 그 법인설립일부터 3개월 이내에 해당 법인에게 사업에 관한 모든 권리와 의무를 포괄적으로 양도해야 한다(조특령 제29조 제2항).

### 현물출자 및 사업 양도·양수 방법의 요건

| 요건 | 현물 출자 | 사업 양도·양수 |
|---|---|---|
| 신설법인의 업종 | 소비성서비스업이 아닐 것 | 소비성서비스업이 아닐 것 |
| 신설법인의 자본금 | 소멸하는 개인사업장의 순자산가액 이상을 출자하여 법인을 설립할 것 | 소멸하는 개인사업장의 순자산가액 이상을 출자하여 법인을 설립할 것 |
| 개인사업자의 신설법인 관련 조건 | – | 발기인으로 참여하여 개인사업장의 순자산가액 이상을 출자할 것 |
| 포괄양수도 기한 | – | 법인설립일부터 3개월 이내에 포괄적으로 양도할 것 |

### 2) 이월과세 적용신청

양도소득세의 이월과세를 적용받으려는 자는 현물출자 또는 사업 양수도를 한 날이 속하는 과세연도의 과세표준신고(예정신고를 포함함) 시 새로이 설립되는 법인과 함께 이월과세적용신청서를 납세지 관할 세무서장에게 제출해야 한다(조특법 제32조 제3항, 조특령 제29조 제4항, 조특칙 제61조 제1항 제13호 및 별지 제12호서식).

### 3) 이월과세 적용제외

현물출자 또는 사업 양도·양수에 따라 설립된 법인의 설립등기일부터 5년 이내에 다음의 어느 하나에 해당하는 사유가 발생하는 경우에는 이월과세를 적용받은 거주자가 사유발생일이 속하는 달의 말일부터 2개월 이내에 이월과세액(해당 법인이 이미 납부한 세액을 제외한 금액을 말함)을 양도소득세로 납부해야 한다(조특법 제32조 제5항 및 조특령 제29조 제6항).

① 현물출자 또는 사업 양도·양수에 따라 설립된 법인이 이월과세를 적용받은 거주자로부터 승계받은 사업을 폐지하는 경우

② 이월과세를 적용받은 거주자가 법인전환으로 취득한 주식 또는 출자지분의 100분의 50 이상을 처분하는 경우

### 4) 개인사업자의 조세감면 등의 승계

조특법 제144조에 따른 미공제 세액이 있는 내국인이 법인전환을 하는 경우 전환법인은 전환으로 인하여 소멸되는 중소기업자로부터 승계받은 자산에 대한 미공제 세액상당액을 해당 중소기업자의 이월공제잔여기간 내에 종료하는 각 과세연도에 이월하여 공제받을 수 있다(조특법 제32조 제4항, 제31조 제6항 및 조특령 제28조 제8항).

# 3. 중소기업 간 통합에 의한 법인전환

## 1) 양도소득세의 이월과세

중소기업 간의 통합으로 인하여 소멸되는 중소기업이 사업용 고정자산을 통합에 의하여 설립된 법인 또는 통합 후 존속하는 법인(이하 "통합법인"이라 함)에 양도하는 경우 그 사업용 고정자산에 대해서는 이월과세를 적용받을 수 있다(조특법 제31조 제1항).

위 사업용 고정자산은 해당 사업에 직접 사용하는 유형자산 및 무형자산(1981년 1월 1일 이후에 취득한 부동산으로서 업무무관부동산을 제외함)을 말한다(조특령 제28조 제2항 및 조특칙 제15조 제3항).

## 2) 이월과세 적용요건

조특령 제29조 제3항에 따른 소비성서비스업(소비성서비스업과 다른 사업을 겸영하고 있는 경우에는 부동산양도인이 속하는 사업연도의 직전 사업연도의 소비성서비스업의 사업별 수입금액이 가장 큰 경우에 한함)을 제외한 사업을 영위하는 중소기업자가 해당 기업의 사업장별로 그 사업에 관한 주된 자산을 모두 승계하여 사업의 동일성이 유지되는 것으로서 다음의 요건을 갖춰야 한다(조특령 제28조 제1항 본문).

① 통합으로 인하여 소멸되는 사업장의 중소기업자가 통합 후 존속하

는 법인 또는 통합으로 인하여 설립되는 법인의 주주 또는 출자자
일 것

② 통합으로 인하여 소멸하는 사업장의 중소기업자가 해당 통합으로
인하여 취득하는 주식 또는 지분의 가액이 통합으로 인하여 소멸하
는 사업장의 순자산가액(통합일 현재의 시가로 평가한 자산의 합계
액에서 충당금을 포함한 부채의 합계액을 공제한 금액을 말함) 이
상일 것

이 경우 설립 후 1년이 경과되지 않은 법인이 출자자인 개인(국기
법 제39조 제2호에 따른 과점주주에 한함)의 사업을 승계하는 것은
이를 통합으로 보지 않는다(조특령 제28조 제1항 단서).

## 3) 이월과세 적용신청

중소기업 간 통합에 의한 법인전환에 따라 양도소득세의 이월과세
를 적용받으려는 자는 통합일이 속하는 과세연도의 과세표준신고
(예정신고를 포함함) 시 통합법인과 함께 이월과세신청서를 납세지
관할 세무서장에게 제출해야 한다(조특법 제31조 제3항, 조특령 제
28조 제3항, 조특칙 제61조 제1항 제13호 및 별지 제12호서식).

## 4) 창업중소기업 또는 창업벤처중소기업 등이 통합하는 경우

창업중소기업 및 창업벤처중소기업 또는 농공단지 입주기업으로

세액감면을 받는 내국인이 조특법 제6조 또는 제64조에 따른 감면기간이 지나기 전에 통합을 하는 경우, 통합법인은 통합으로 인하여 소멸되는 창업중소기업 또는 창업벤처중소기업이나 농공단지 및 「지역중소기업 육성 및 혁신촉진 등에 관한 법률」 제23조에 따른 지방중소기업 특별지원지역의 입주기업으로부터 승계받은 사업에서 발생하는 소득에 대하여 통합 당시의 잔존감면기간 내에 종료하는 각 과세연도까지 감면을 받을 수 있다(조특법 제31조 제4항 및 조특령 제28조 제4항).

### 5) 수도권과밀억제권역 밖으로 이전하는 중소기업 등이 통합하는 경우

수도권과밀억제권역 밖으로 이전하는 중소기업 또는 농업회사법인이 조특법 제63조 또는 제68조에 따른 감면기간이 지나기 전에 통합을 하는 경우, 통합법인은 통합으로 인하여 소멸되는 중소기업자로부터 승계받은 사업에서 발생하는 소득에 관하여 통합 당시 잔존감면기간 내에 종료하는 각 과세연도 분까지 그 감면을 받을 수 있다(조특법 제31조 제5항 및 조특령 제28조 제6항).

### 6) 미공제 세액이 있는 개인사업자가 통합을 하는 경우

미공제 세액이 있는 내국인이 통합을 하는 경우 미공제 세액을 승계한 자는 통합으로 인하여 소멸되는 중소기업자로부터 승계받은 자산에 대한 미공제 세액상당액을 해당 중소기업자의 이월공제잔여기간 내에 종료하는 각 과세연도에 이월하여 공제받을 수 있다(조특법 제31조 제6항 및 조특령 제28조 제8항).

# ④. 창업중소기업 등에 대한 법인세 감면(조특법 제6조)

## 1) 감면내용

### ① 창업중소기업·창업보육센터 사업자

2027년 12월 31일 이전에 수도권과밀억제권역 외의 지역에서 창업한 중소기업(이하 "창업중소기업"이라 함)과 창업보육센터사업자로 지정받은 내국인에 대해서는 해당 사업에서 최초로 소득이 발생한 과세연도(사업개시일부터 5년이 되는 날이 속하는 과세연도까지 해당 사업에서 소득이 발생하지 않는 경우에는 5년이 되는 날이 속하는 과세연도를 말함)와 그 다음 과세연도의 개시일부터 4년 이내에 끝나는 과세연도까지 해당 사업에서 발생한 소득에 대한 소득세 또는 법인세에 다음의 구분에 따른 비율을 곱한 금액에 상당하는 세액을 감면한다(조특법 제6조 제1항).

• 2025년 12월 31일 이전에 창업한 창업중소기업의 경우

수도권과밀억제권역 외의 지역에서 창업한 조특령으로 정하는 청년창업중소기업(이하 "청년창업중소기업"이라 함)의 경우: 100분의 100
수도권과밀억제권역에서 창업한 청년창업중소기업과 수도권과

밀억제권역 외의 지역에서 창업한 창업중소기업의 경우: 100분의 50

• 2026년 1월 1일 이후에 창업한 창업중소기업의 경우

수도권 외의 지역 또는 수도권의 인구감소지역에서 창업한 청년창업중소기업의 경우: 100분의 100

수도권(수도권과밀억제권역과 인구감소지역은 제외)에서 창업한 청년창업중소기업의 경우: 100분의 75

수도권과밀억제권역에서 창업한 청년창업중소기업과 수도권 외의 지역 또는 수도권의 인구감소지역에서 창업한 창업중소기업의 경우: 100분의 50

수도권(수도권과밀억제권역과 인구감소지역은 제외)에서 창업한 창업중소기업의 경우: 100분의 25

| 구분 | 지 역 | 근거법 |
|---|---|---|
| 수도권 | 서울, 인천, 경기도 | 「수도권정비계획법」제2조 |
| 수도권 과밀억제 권역 | 서울, 인천(강화군, 옹진군, 서구 대곡동·불로동·마전동·금곡동·오류동·왕길동·당하동·원당동, 인천경제자유구역 및 남동 국가산업단지는 제외한다)<br>의정부시, 구리시, 남양주시(호평동, 평내동, 금곡동, 일패동, 이패동, 삼패동, 가운동, 수석동, 지금동 및 도농동만 해당한다), 하남시, 고양시, 수원시, 성남시, 안양시, 부천시, 광명시, 과천시, 의왕시, 군포시, 시흥시(반월특수지역은 제외한다) | 「수도권정비계획법」제6조 |
| 수도권 인구감소 지역 | 인천시 강화군, 옹진군<br>경기도 가평군, 연천군 | 「지방자치분권 및 지역균형발전에 관한 특별법」제2조 |

• 창업보육센터사업자의 경우: 100분의 50

벤처기업 중 조특령 제5조 제4항에 따른 기업으로서 창업 후 3년 이내에 2027년 12월 31일까지 벤처기업으로 확인받은 기업(이하 "창업벤처중소기업"이라 함)의 경우에는 그 확인받은 날 이후 최초로 소득이 발생한 과세연도(벤처기업으로 확인받은 날부터 5년이 되는 날이 속하는 과세연도까지 해당 사업에서 소득이 발생하지 않는 경우에는 5년이 되는 날이 속하는 과세연도)와 그 다음 과세연도의 개시일부터 4년 이내에 끝나는 과세연도까지 해당 사업에서 발생한 소득에 대한 소득세 또는 법인세의 100분의 50에 상당하는 세액을 감면한다(조특법 제6조 제2항 본문).

② 창업벤처중소기업

벤처기업육성에 관한 특별법 제2조 제1항에 따른 벤처기업(이하 "벤처기업") 중 일정 요건을 충족하는 기업으로서 창업 후 3년 이내에 같은 법 제25조에 따라 2027년 12월 31일까지 벤처기업으로 확인받은 창업벤처중소기업의 경우에는 그 확인받은 날 이후 최초로 소득이 발생한 사업연도(벤처기업으로 확인받은 날부터 5년이 되는 날이 속하는 사업연도까지 해당 사업에서 소득이 발생하지 아니하는 경우에는 5년이 되는 날이 속하는 사업연도)와 그 다음 사업연도의 개시일부터 4년 이내에 끝나는 사업연도까지 해당 사업에서 발생한 소득에 대한 법인세의 50%에 상당하는 세액을 감면한다. 다만, 위 ①을 적용받는 경우는 제외하며, 감면기간 중 다음의 사유가 있는 경우에는 다음의 구분에 따른 날이 속하는 사업연도부터 감면을 적용하지 아니한다(조특법 제6조 제2항).

- 벤처기업의 확인이 취소된 경우: 취소일
- 벤처기업 확인서의 유효기간이 만료된 경우(해당 사업연도 종료일 현재 벤처기업으로 재확인받은 경우 제외): 유효기간 만료일

## 2) 창업중소기업과 창업벤처중소기업의 업종

광업, 제조업, 수도, 하수 및 폐기물 처리, 원료 재생업, 건설업, 통신판매업, 물류산업, 음식점업, 정보통신업(단, 비디오물 감상실 운영업, 뉴스제공업, 블록체인 기반 암호화자산 매매 및 중개업은 제외함), 금융 및 보험업 중 전자금융업무 등을 업으로 영위하는 업종, 전문, 과학 및 기술 서비스업(엔지니어링사업을 포함하되, 변호사업 등은 제외함), 사업시설 관리 및 조경 서비스업, 사업 지원 서비스업(고용 알선업 및 인력 공급업은 농업노동자 공급업을 포함함), 사회복지 서비스업, 예술, 스포츠 및 여가관련 서비스업(단, 자영예술가, 오락장 운영업, 수상오락 서비스업, 그 외 기타 오락관련 서비스업은 제외함), 개인 및 소비용품 수리업, 이용 및 미용업, 직업기술 분야를 교습하는 학원을 운영하는 사업, 직업능력개발훈련시설을 운영하는 사업(직업능력개발훈련을 주된 사업으로 하는 경우로 한정함), 관광숙박업, 국제회의업, 유원시설업, 관광객 이용시설업, 노인복지시설을 운영하는 사업, 전시산업(조특법 제6조 제3항, 조특령 제5조 제6항·제7항·제8항·제9항·제10항 및 조특칙 제4조의2)

• 위에서 보는 바와 같이 음식점업은 창업중소기업감면의 대상업종에 포함된다. 이때 음식점업이란 한국표준산업분류표상 음식점업(561)을 말한다. 따라서 주점업(5621), 생맥주 전문점(56213), 커피전문점(56221) 등은 음식점업(561)이 아니다.

## 3) 상시근로자 증가율에 따른 추가 감면

위 감면을 적용받는 업종별 최소고용인원 이상을 고용하는 수도권 과밀억제권역 외의 지역에서 창업한 창업중소기업(청년창업중소기업 제외), 창업보육센터사업자, 창업벤처중소기업 및 에너지 신기술 중소기업의 감면기간 중 해당 사업연도의 상시근로자 수가 직전 사업연도의 상시근로자 수(직전 사업연도의 상시근로자 수가 업종별 최소고용인원에 미달하는 경우에는 업종별 최소고용인원을 말함)보다 큰 경우에는 가)의 세액에 나)의 율을 곱하여 산출한 금액을 감면세액에 더하여 감면한다.

가) 해당 사업에서 발생한 소득에 대한 법인세

나) 다음의 계산식에 따라 계산한 율. 다만, 50%(위 ⑤에 따라 75%에 상당하는 세액을 감면받는 사업연도의 경우에는 25%)를 한도로 하고, 1% 미만인 부분은 없는 것으로 봄.

$$\frac{(\text{해당 과세연도의 상시근로자 수} - \text{직전 과세연도의 상시근로자 수})}{\text{직전 과세연도의 상시근로자 수}} \times \frac{50}{100}$$

### 4) 창업의 범위

창업이라 함은 새로이 중소기업을 설립하는 것을 말하므로, 다음의 경우에는 창업에 해당하지 아니한다.

① 합병·분할·현물출자 또는 사업의 양수를 통하여 종전의 사업을 승계하거나 종전의 사업에 사용되던 자산을 인수 또는 매입하여 같은 종류의 사업을 하는 경우. 다만, 다음의 어느 하나에 해당하는 경우는 제외함.

• 종전의 사업에 사용되던 자산을 인수하거나 매입하여 같은 종류의 사업을 하는 경우 그 자산가액의 합계가 사업 개시 당시 토지·건물 및 기계장치 등 사업용자산의 총가액에서 차지하는 비율이 30% 이하인 경우

• 사업의 일부를 분리하여 해당 기업의 임직원이 사업을 개시하는 경우로서 기업과 사업을 개시하는 해당 기업의 임직원 간에 사업 분리에 관한 계약을 체결하고, 사업을 개시하는 임직원이 새로 설립되는 기업의 대표자로서 지배주주 등에 해당하는 해당 법인의 최대주주 또는 최대출자자(개인사업자의 경우에는 대표자를 말함)에 해당하는 경우

② 거주자가 하던 사업을 법인으로 전환하여 새로운 법인을 설립하는 경우

③ 폐업 후 사업을 다시 개시하여 폐업 전의 사업과 같은 종류의 사업을 하는 경우

④ 사업을 확장하거나 다른 업종을 추가하는 경우 등 새로운 사업을 최초로 개시하는 것으로 보기 곤란한 경우

## 5) 감면소득의 범위

감면대상사업의 영업활동과 어느 정도 부수적 연관을 갖고 정상적인 업무에서 발생한 소득은 포함하나, 이자수익·유가증권처분이익·유가증권처분손실 등은 포함하지 아니한다(조특통 6 - 0…2).

한편, 에너지 신기술중소기업의 감면사업에서 발생한 소득의 계산은 다음의 계산식에 따르며, 이 경우 고효율제품 등의 매출액은 제조업 분야의 다른 제품의 매출액과 구분경리하여야 한다(조특령 제5조 제15항·제16항).

$$\text{해당 사업연도의 제조업에서 발생한 소득} \times \frac{\text{해당 사업연도의 고효율제품 등의 매출액}}{\text{해당 사업연도의 제조업에서 발생한 총매출액}}$$

## 6) 세액감면의 중단

① 창업중소기업·창업벤처중소기업·에너지 신기술중소기업에 대한 세액감면을 적용받은 기업이 중소기업기본법에 따른 중소기업이 아닌 기업과 합병하는 등 조세특례제한법 시행령 제2조 제2항 각 호의 어느 하나에 해당하는 중소기업 유예기간 배제사유에 따라 중

소기업에 해당하지 아니하게 된 경우에는 해당 사유 발생일이 속하는 사업연도부터 세액감면을 적용하지 아니함(조특법 제6조 제11항 및 조특령 제5조 제24항).

② 창업벤처중소기업의 경우 세액감면 기간 중 다음의 사유가 있는 경우에는 다음의 구분에 따른 날이 속하는 사업연도부터 세액감면을 적용하지 아니함(조특법 제6조 제2항).

가. 벤처기업의 확인이 취소된 경우: 취소일
나. 벤처기업육성에 관한 특별법 제25조 제2항에 따른 벤처기업 확인서의 유효기간이 만료된 경우(해당 사업연도 종료일 현재 벤처기업으로 재확인받은 경우는 제외): 유효기간 만료일

## 7) 세액감면의 승계

창업중소기업 및 창업벤처중소기업의 세액감면을 받아오던 자가 감면기간이 경과하기 전에 조세특례제한법 제31조 제1항에 따른 중소기업 간 통합을 하거나 같은 법 제32조 제1항에 따른 법인전환을 하는 경우에는 통합 또는 법인전환 후에 존속하는 법인 또는 설립된 법인은 그 승계받은 사업에서 발생하는 소득에 대하여 통합·전환 당시의 잔존감면기간 내에 종료하는 각 사업연도까지 법인세의 감면을 받을 수 있다(조특법 제31조 제4항, 제32조 제4항).

## 8) 기타 주의사항

① 중소기업 등 투자세액공제, 연구 및 인력개발을 위한 설비투자에 대한 투자세액공제 등의 투자세액공제 등과 중복적용 배제한다. 다만, 감면대상사업을 구분경리하는 경우 비감면사업에 대한 세액공제는 중복적용 가능하다(조특법 제127조 제4항 및 제10항).

② 동일한 사업장에 대하여 동일한 사업연도에 법인세의 감면규정 중 2 이상의 규정이 적용될 수 있는 경우에는, 그 중 하나만을 선택하여 적용한다(조특법 제127조 제5항).

③ 최저한세의 적용대상이 된다. 다만, 100%의 세액을 감면받는 사업연도의 경우와 위 '상시근로자 증가율에 따른 추가 감면'에 따라 추가로 감면받는 부분은 최저한세 적용 배제한다(조특법 제132조 제1항 제4호 가목 및 나목).

④ 감면소득과 과세소득의 구분경리하여야 한다(조특법 제143조).

# 5. 기타 세금 및 부담금 면제

## 1) 인지세 면제

중소기업창업법에 따른 창업기업(중소기업창업법 제5조에 따른 적용 범위 내의 창업기업만 해당함)이 창업일부터 2년 이내에 해당 사업과 관련하여 「금융실명거래 및 비밀보장에 관한 법률」 제2조 제1호에 기재된 은행 등의 금융기관으로부터 융자를 받기 위하여 작성하는 증서, 통장, 계약서 등에 대해서 인지세를 면제한다(조특법 제116조 제1항 제19호 및 조특령 제114조).

이러한 인지세의 면제는 2026년 12월 31일까지 작성하는 과세문서에만 적용된다(조특법 제116조 제2항 제3호).

## 2) 농어촌특별세 면제

조특법에 따라 창업중소기업에 대하여 소득세, 법인세를 감면하는 경우에는 농어촌특별세를 면제한다(농어촌특별세법 제4조 제3호, 조특법 제6조·제7조).

「지방세특례제한법」에 따라 창업중소기업·창업벤처중소기업에 대하여 취득세, 등록면허세를 감면하는 경우에는 농어촌특별세를 면제한다(농어촌특별세법 제4조 제4호의2·제4호의3 및 지특법 제58조의3 제1항 제1호·제2항 제1호·제3항).

### 3) 대체산림자원조성비 감면

중기법 제2조에 따른 중소기업이 그 창업일부터 5년 이내에 중소기업창업법 제45조에 따라 공장설립계획의 승인을 받아 설립하는 공장에 대해서는 대체산림자원조성비가 감면될 수 있다(산지관리법 제19조 제5항·제7항, 산지관리법 시행령 제23조 제1항 및 별표5 제2호 바목).

### 4) 부담금 면제

통계법 제22조 제1항에 따라 통계청장이 작성·고시하는 「한국표준산업분류」(통계청 고시 제2017-13호, 2017. 1. 13. 발령 2017. 7. 1. 시행)상의 제조업을 영위하기 위하여 중소기업을 창업하는 자는 사업을 개시한 날부터 7년 동안 다음의 부담금을 면제한다(중소기업창업법 제23조 제4항). 다만, 물이용부담금의 경우 최초로 부과된 날부터 3년 동안 부담금을 면제한다(중소기업창업법 제23조 제4항 단서).

- 지방자치단체 공공 시설수익자 분담금: 지방자치단체의 재산 또는 공공시설의 설치로 이익을 받는 자에게 부과되는 분담금(지방자치법 제155조)
- 농지보전부담금: 사업자가 농지를 농지 외의 용도로 전용 시 부과되는 부담금(농지법 제38조 제1항)
- 대체초지조성비: 중소기업이 창업을 위해 초지를 전용하는 경우

부과되는 부담금(초지법 제23조 제8항)

- 전력산업기반부담금: 중소기업에게 사용하는 전기요금의 27/1,000에 해당하는 금액이 부과되는 부담금(전기사업법 제51조 제1항 및 전기사업법 시행령 제36조)

- 대기배출 기본부과금: 대기오염물질을 배출하는 사업자에게 배출허용기준 이하로 배출하는 오염물질에 부과되는 부과금(대기오염물질배출량의 합계가 연간 10톤 미만인 사업장에 한함)(대기환경보전법 제35조 제1항 제2호)

- 수질오염물질배출 기본부과금: 중소기업이 배출하는 폐수 중 수질오염물질이 배출허용기준 이하로 배출되나, 방류수 수질기준을 초과하는 경우 부과되는 부과금(1일 폐수배출량이 200㎥ 미만인 사업장에 한함)(물환경보전법 제41조 제1항 제1호)

- 폐기물부담금: 폐기물 관리상의 문제를 초래할 가능성이 있는 제품·재료·용기의 제조업자 또는 수입업자에게 부과되는 부담금(연간 매출액이 20억 원 미만인 제조업자에 한함)(자원의 절약과 재활용촉진에 관한 법률 제12조 제1항)

- 물이용부담금: 4대강 수계(한강, 금강, 낙동강, 영산강·섬진강 수계) 상수원의 용수를 공급받는 사업자에게 부과되는 부담금(「한강수계 상수원수질개선 및 주민지원 등에 관한 법률」 제19조 제1항, 「금강수계 물관리 및 주민지원 등에 관한 법률」 제30조 제1항, 「낙동강수계 물관리 및 주민지원 등에 관한 법률」 제32조 제1항 및 「영산강·섬진강수계 물관리 및 주민지원 등에 관한 법률」 제30조 제1항)

- 대체산림자원조성비: 산지전용과 산지일시 사용에 따른 대체산림자원 조성에 드는 비용(산지관리법 제19조 제1항)
- 교통유발부담금: 교통혼잡의 원인이 되는 시설물의 소유자로부터 매년 부과·징수되는 부담금(도시교통정비촉진법 제36조)
- 지하수이용부담금: 지하수를 개발·이용하는 자에게 지하수 이용부담금을 부과·징수되는 부담금(지하수법 제30조의3 제1항 제1호)
- 특정물질 제조·수입 부담금: 제조업자와 수입업자에게 특정물질 제조·수입 부담금을 부과·징수되는 부담금(「오존층 보호 등을 위한 특정물질의 관리에 관한 법률」 제24조의2)
- 해양심층수이용부담금: 해양심층수를 구입하는 자에 대하여 해양심층수이용부담금을 부과·징수되는 부담금(「해양심층수의 개발 및 관리에 관한 법률」 제40조)

부담금 면제는 2022년 8월 3일부터 2027년 8월 2일까지 효력을 가지며 2022년 10월 18일 개정법 시행 전에 사업을 개시하여 7년이 지나지 않은 경우에도 적용된다. 다만, 2021년 12월 28일 전부개정법 시행 전에 납부하였거나 납부 의무가 발생한 분에 대하여는 적용하지 않는다(중소기업창업법 부칙 제2조 및 제3조). 2022년 8월 3일 이후 이 법 시행(2022년 10월 18일) 전에 개정규정의 부담금의 납부 의무가 발생한 경우에는 다음에 따라 해당 부담금의 납부를 면제한다(중소기업창업법 부칙 제4조).

① 이 법 시행 당시(2022년 10월 18일) 사업을 개시한 날부터 7년이 지나지 아니한 자: 2022년 8월 3일 이후 이 법 시행 전에 납부 의무가 발생한 부담금

② 사업을 개시한 날부터 7년이 된 날이 2022년 8월 3일 이후 이 법 시행(2022년 10월 18일) 전에 도래한 자: 2022년 8월 3일 이후 그 7년이 된 날까지 납부 의무가 발생한 부담금

## 6. 창업자금 사전상속 특례

"창업자금 사전상속제도"란 18세 이상인 자가 중소기업을 창업할 목적으로 60세 이상의 부모로부터 토지·건물 등의 재산을 제외한 재산을 증여받는 경우 증여세 등을 감면해 주는 제도를 말한다(조특법 제30조의5 제1항 전단).

### 1) 특례적용 대상자

창업자금 사전상속제도에 따라 과세특례를 적용받으려면 18세 이상인 자가 중소기업을 창업할 목적으로 60세 이상의 부모(증여 당시 아버지나 어머니가 사망한 경우에는 그 사망한 아버지나 어머니의 부모를 포함함. 이하 같음)로부터 재산을 증여받아야 한다(조특법 제30조의5 제1항 전단).

## 2) 증여세 과세특례 업종

창업중소기업감면의 업종과 같다. 조특법 제6조 제3항 각 호에 따른 업종을 영위하는 중소기업을 말한다(조특법 제30조의5 제1항 전단).

광업, 제조업, 수도, 하수 및 폐기물 처리, 원료 재생업, 건설업, 통신판매업, 물류산업, 음식점업, 정보통신업(단, 비디오물 감상실 운영업, 뉴스제공업, 블록체인 기반 암호화자산 매매 및 중개업은 제외함), 금융 및 보험업 중 전자금융업무 등을 업으로 영위하는 업종, 전문, 과학 및 기술 서비스업(엔지니어링사업을 포함하되, 변호사업 등은 제외함), 사업시설 관리 및 조경 서비스업, 사업 지원 서비스업(고용 알선업 및 인력 공급업은 농업노동자 공급업을 포함함), 사회복지 서비스업, 예술, 스포츠 및 여가관련 서비스업(단, 자영예술가, 오락장 운영업, 수상오락 서비스업, 그 외 기타 오락관련 서비스업은 제외함), 개인 및 소비용품 수리업, 이용 및 미용업, 직업기술 분야를 교습하는 학원을 운영하는 사업, 직업능력개발훈련시설을 운영하는 사업(직업능력개발훈련을 주된 사업으로 하는 경우로 한정함), 관광숙박업, 국제회의업, 유원시설업, 관광객 이용시설업, 노인복지시설을 운영하는 사업, 전시산업(조특법 제6조 제3항, 조특령 제5조 제6항·제7항·제8항·제9항·제10항 및 조특칙 제4조의2)

## 3) 창업의 범위

창업은 새롭게 사업을 시작하는 것을 말한다. 이 경우 사업을 확장하는 경우로서 사업용자산을 취득하거나 확장한 사업장의 임차보증금 및 임차료를 지급하는 경우는 창업으로 보며, 다음의 어느 하나에 해당하는 경우에는 실질적인 창업으로 보기 어려워 이를 증여특례 규정이 적용되는 창업으로 보지 않는다(조특법 제30조의5 제2항, 조특령 제27조의5 제3항·제4항·제5항 및 제7항).

1. 창업자금을 증여받은 후 2년 이내에 창업을 하지 않은 경우
2. 합병·분할·현물출자 또는 사업의 양수를 통하여 종전의 사업을 승계하거나 종전의 사업을 승계하여 동종의 사업을 영위하는 경우
3. 종전의 사업에 사용되던 자산을 인수 또는 매입하여 같은 종류의 사업을 하는 경우로서 인수 또는 매입한 자산가액의 합계액이 사업개시일이 속하는 과세연도의 종료일 또는 그 다음 과세연도의 종료일 현재 조특령 제5조 제19항에서 정하는 사업용자산의 총 가액에서 차지하는 비율이 100분의 30을 초과하는 경우
4. 거주자가 하던 사업을 법인으로 전환하여 새로운 법인을 설립하는 경우
5. 폐업 후 사업을 다시 개시하여 폐업 전의 사업과 같은 종류의 사업을 하는 경우

6. 다른 업종을 추가하는 등 새로운 사업을 최초로 개시하는 것으로 보기 곤란한 경우
7. 창업자금을 증여받기 이전부터 영위한 사업의 운용자금과 대체설비자금 등으로 사용하는 경우

창업자금을 증여받아 위에 따라 창업을 한 자가 새로 창업자금을 증여받아 당초 창업한 사업과 관련하여 사용하는 경우에는 위 5., 6., 7.을 적용하지 않는다(조특법 제30조의5 제3항).

### 4) 창업자금의 사용기한

창업자금을 증여받은 자는 증여받은 날부터 4년이 되는 날까지 창업자금을 모두 해당 목적에 사용해야 한다(조특법 제30조의5 제4항).

### 5) 증여재산의 범위

창업자금에 해당하는 재산의 범위는 다음과 같다(조특법 제30조의5 제1항 전단, 조특령 제5조, 제27조의5 제1항 및 제2항).
1. 사업용자산의 취득자금
2. 사업장의 임차보증금(전세금 포함) 및 임차료 지급액

## 6) 공제액 및 감세 범위

창업을 목적으로 위 재산을 증여받는 경우에는 「상속세 및 증여세법」 제53조, 제53조의2 및 제56조에도 불구하고 해당 증여받은 재산의 가액 중 조특법 제30조의5 제2항에 따른 창업에 직접 적용되는 다음의 창업자금[증여세 과세가액 50억 원(창업을 통하여 10명 이상을 신규 고용한 경우에는 100억 원)을 한도로 함]에 대해서는 증여세 과세가액에서 5억 원을 공제하고 세율을 100분의 10으로 하여 증여세를 부과한다(조특법 제30조의5 제1항 전단 및 조특령 제27조의5 제2항).

① 조특령 제5조 제19항에 따른 사업용재산의 취득자금

② 사업장의 임차보증금(전세금 포함) 및 임차료 지급액

이 경우 창업자금을 2회 이상 증여받거나 부모로부터 각각 증여받는 경우에는 각각의 증여세 과세가액을 합산하여 적용한다(조특법 제30조의5 제1항 후단).

## 7) 창업자금 증여세 과세특례신청

위 특례를 적용받으려는 자는 증여세 과세표준 신고기한까지 증여세 과세표준 신고와 함께 창업자금 특례신청서 및 사용내역서를 납세지 관할 세무서장에게 제출해야 한다(조특법 제30조의5 제12항 및 조특령 제27조의5 제14항).

## 8) 창업자금 사용명세 제출

창업자금을 증여받은 자가 창업하는 경우에는 다음에 해당하는 날에 창업자금 사용명세(증여받은 창업자금이 50억 원을 초과하는 경우에는 고용명세를 포함함)를 증여세 납세지 관할 세무서장에게 제출해야 한다(조특법 제30조의5 제5항 전단 및 조특령 제27조의5 제6항).

① 창업일이 속하는 달의 다음 달 말일

② 창업일이 속하는 과세연도부터 4년 이내의 과세연도(창업자금을 모두 사용한 경우에는 그 날이 속하는 과세연도)까지 매 과세연도의 과세표준신고기한

이 경우 창업자금 사용명세를 제출하지 않거나 제출된 창업자금 사용명세가 분명하지 않은 경우에는 그 미제출분 또는 불분명한 부분의 금액에 1천분의 3을 곱하여 산출한 금액을 창업자금 사용명세서 미제출 가산세로 부과한다(조특법 제30조의5 제5항 후단).

## 9) 특례배제 사유

창업자금에 대한 증여세 관세특례를 적용받은 경우로서 다음의 어느 하나에 해당하는 경우에는 각각의 구분에 따른 금액에 대하여 「상속세 및 증여세법」에 따라 증여세와 상속세를 각각 부과한다(조특법

제30조의5 제6항 전단 및 조특령 제27조의5 제10항·제11항).

| 부과 사유 | 부과 대상 재산 |
|---|---|
| 1. 조특법 제30조의5 제2항에 따라 창업하지 않은 경우 | 창업자금 |
| 2. 창업자금으로 조특법 제6조 제3항 각 호에 따른 업종 외의 업종을 경영하는 경우 | 조특법 제6조 제3항 각 호에 따른 업종 외의 업종에 사용된 창업자금 |
| 3. 새로 증여받은 창업자금을 조특법 제30조의5 제3항에 따라 사용하지 않은 경우 | 해당 목적에 사용되지 않은 창업자금 |
| 4. 창업자금을 조특법 제30조의5 제4항에 따라 증여받은 날부터 4년이 되는 날까지 모두 해당 목적에 사용하지 않은 경우 | 해당 목적에 사용되지 않은 창업자금 |
| 5. 증여받은 후 10년 이내에 창업자금(창업으로 인한 조특령으로 정하는 바에 따라 계산한 가치증가분을 포함함. 이하 같음)을 해당 사업용도 외의 용도로 사용한 경우 | 해당 사업용도 외의 용도로 사용된 창업자금 등 |
| 6. 창업 후 10년 이내에 해당 사업을 폐업하는 경우 등 조특령 제27조의5 제10항의 사유가 있는 경우 | 창업자금 등과 그 밖에 조특령 제27조의5 제11항으로 정하는 금액 |
| 7. 증여받은 창업자금이 50억 원을 초과하는 경우로서 창업한 날이 속하는 과세연도의 종료일부터 5년 이내에 각 과세연도의 근로자 수가 다음 계산식에 따라 계산한 수보다 적은 경우<br>* 창업한 날의 근로자 수 (창업을 통해 신규 고용한 인원 수 10명) | 50억 원을 초과하는 창업자금 |

## 10) 증여세 가산이자

위에 따라 특례를 배제하여 증여세에 가산하여 부과하는 이자상당액은 위 부가대상재산에 따라 결정된 증여세액에 2.2/10,000의 비율로 당초 증여받은 창업자금에 대한 증여세의 과세표준신고기한의 다음 날부터 추징 사유가 발생한 날까지의 기간으로 계산한 이자상당액을 그 부과하는 증여세에 가산하여 부과한다(조특법 제30조의5 제6항 후단 및 조특령 제27조의5 제9항).

증여세와 이자상당액을 신고하는 때에는 ① 기획재정부령으로 정하는 창업자금 증여세 과세특례 위반사유 신고 및 ② 자진납부 계산서를 납세지 관할 세무서장에게 제출해야 한다(조특령 제27조의5 제13항).

제**4**장

# 고용기업

내 꿈을 펴는 청년창업 세무원리

# 기업편

## ①. 4대 사회보험 신고

"4대 사회보험"이란 국민연금, 국민건강보험, 산업재해보상보험, 고용보험을 말하며, 근로자를 사용하는 모든 사업장은 반드시 가입해야 하는 보험을 말한다(국민연금법 제8조, 국민건강보험법 제6조 제2항, 고용보험법 제8조 및 산업재해보상보험법 제8조).

| 보험 종류 | 목적 | 보장 내용 | 보험료율 (2025년 기준) |
|---|---|---|---|
| 국민 연금 | 노후 소득 보장 | 노령연금, 장애연금, 유족연금 지급 | 9% (근로자와 사업주 각각 4.5% 부담) |
| 건강 보험 | 의료비 부담 경감 | 질병·부상 치료비, 건강검진 지원 | 7.09% (근로자와 사업주 각각 부담) |
| 고용 보험 | 실업 예방 및 고용촉진 | 실업급여, 직업능력개발비 지원 | 1.8% (근로자와 사업주 각각 0.9% 부담, 사업주는 추가 부담 있음) |
| 산재 보험 | 업무 중 재해 보상 | 요양급여, 휴업급여, 장해급여, 유족급여 등 | 업종별로 상이 (평균 1.47%, 사업주 전액 부담) |

## 2. 국민연금

국민연금은 소득활동을 할 때 일정액의 보험료를 납부해서 모아 두었다가 노령, 장애 또는 사망 등으로 소득활동이 중단된 경우 본인이나 유족에게 연금을 지급함으로써 장기적인 소득보장이 가능하도록 정부가 보험의 원리에 따라 만든 사회보험의 일종이다(국민연금법 제1조 참조).

### 1) 가입대상

국내에 거주하는 국민으로서 18세 이상 60세 미만인 자는 국민연금법 제6조에 따라 국민연금 가입대상이 되고, 국민연금가입자는 ① 사업장가입자, ② 지역가입자, ③ 임의가입자 및 ④ 임의계속가입자로 분류된다(국민연금법 제6조, 제7조, 제8조 및 제9조).

"사업장"은 근로자를 사용하는 사업소 및 사무소를 말하는데, 사업소·영업소·사무소·점포·공장 등 근로자를 사용하고 있는 곳은 모두 사업장에 해당되며, 나아가 사업장 상호 간에 본점과 지점, 대리점 또는 출장소 등의 관계에 있고 그 사업경영이 일체로 되어 있는 경우에는 이를 하나의 사업장으로 본다(국민연금법 제3조 제1항 제13호 및 국민연금법 시행령 제19조 제2항).

## 2) 신고의무자 및 신고

국민연금의 신고의무자, 신고기한 등은 다음과 같다.

| 구분 | 내 용 |
|---|---|
| 신고대상<br>사용자<br>및<br>근로자 | 당연적용사업장의 사용자와 근로자는 성별, 국적과 관계없이 모두 국민연금에 가입해야 한다. 따라서, 외국인 근로자도 가입요건에 해당될 경우 가입신고를 해야 한다. 다만, 다음의 어느 하나의 경우에는 가입대상에서 제외된다(국민연금법 제8조 제1항).<br><br>• 18세 미만이거나 60세 이상인 사용자 및 근로자. 다만, 18세 미만의 근로자로서 본인이 희망하는 경우 사용자의 동의를 얻어 가입할 수 있음<br>• 「공무원연금법」, 「공무원 재해보상법」, 「사립학교교직원 연금법」 또는 「별정우체국법」에 따른 퇴직연금·장해연금 또는 퇴직연금일시금의 수급권을 취득하거나 「군인연금법」에 의한 퇴역연금, 「군인재해보상법」에 따른 상이연금 또는 퇴역연금일시금의 수급권을 취득한 자. 다만, 「국민기초생활 보장법」 제7조 제1항 제1호에 따른 생계급여 수급자 또는 같은 항 제3호에 따른 의료급여 수급자는 본인의 희망에 따라 사업장가입자가 되지 않을 수 있다(국민연금법 제8조 제3항).<br>• 일용근로자 또는 1월 미만의 기한부로 사용되는 근로자<br>• 소재지가 일정하지 않은 사업장에 종사하는 근로자<br>• 비상임이사 또는 1개월간의 근로시간이 80시간 미만인 시간제근로자 등 사업장에서 상시 근로에 종사할 목적으로 사용되는 자가 아닌 자<br>• 외국인으로서 「출입국관리법」 제25조에 따라 체류기간 연장허가를 받지 않고 체류하는 자(국민연금법 제126조 제1항 및 「국민연금법 시행령」 제111조)<br>• 외국인으로서 「출입국관리법」 제31조에 따른 외국인등록을 하지 않거나 「출입국관리법」 제59조 제2항에 따라 강제퇴거명령서가 발급된 자(국민연금법 제126조 제1항 및 「국민연금법 시행령」 제111조)<br>• 외국인으로서 문화예술(D-1), 유학(D-2), 기술연수(D-3), 일반연수(D-4), 종교(D-6), 방문동거(F-1), 동반(F-3) 및 기타(G-1)에 해당하는 외국인의 체류자격을 가진 자(국민연금법 제126조 제1항 및 「국민연금법 시행령」 제111조) |

| 구분 | 내 용 |
|------|------|
| 신고<br>의무자 | 사업장 사용인 또는 지역가입자가 신고의무자가 된다(국민연금법 제 21조 제1항 및 제2항). |
| 신고<br>기한 | 당연적용사업장이 된 날이 속하는 달의 다음 달 15일까지 당연적용사업장해당신고서 및 통장 사본 1부(자동이체를 신청하는 경우만 해당)를 첨부하여 국민연금공단에 신고를 해야 한다(국민연금법 시행규칙 제3조 및 별지 제3호서식).<br><br>지역가입자의 자격을 취득하는 경우에는 그 사유가 발생한 날이 속하는 달의 다음 달 15일까지 지역가입자자격취득신고서를 국민연금공단에 제출해야 한다(국민연금법 시행규칙 제7조). |

## 3. 건강보험

국민건강보험은 국민이 질병·부상 등 건강에 문제가 생겼을 때 또는 출산·사망할 때 진료비의 혜택을 받을 수 있는 제도이다(국민건강보험법 제1조 참조).

### 1) 가입자의 종류 및 범위

국민건강보험 가입자의 종류와 그 범위는 다음과 같다.

| 종류 | 범 위 |
|------|------|
| 직장<br>가입자 | 1명 이상의 근로자를 사용하는 모든 사업장의 근로자 및 사용자와 공무원 및 교직원(국민건강보험법 제6조 제2항 본문). 다만, 다음의 어느 하나에 해당하는 경우에는 제외된다(국민건강보험법 제6조 제2항 단서 및 국민건강보험법 시행령 제9조).<br><br>• 고용기간이 1개월 미만인 일용근로자 |

| 종류 | 범 위 |
|---|---|
| 직장<br>가입자 | • 「병역법」에 따른 현역병(지원에 의하지 않고 임용된 하사를 포함), 전환복무된 사람 및 군간부후보생<br>• 선거에 당선되어 취임하는 공무원으로서 매월 보수 또는 보수에 준하는 급료를 받지 않는 사람<br>• 비상근 근로자 또는 1개월간의 소정근로시간이 60시간 미만인 단시간 근로자<br>• 비상근 교직원 또는 1개월간의 소정근로시간이 60시간 미만인 시간제 공무원 및 교직원<br>• 소재지가 일정하지 않은 사업자의 근로자 및 사용자<br>• 근로자가 없거나 위의 4.에 따른 사람만을 고용하고 있는 사업장의 사업주 |
| 지역<br>가입자 | 직장가입자와 그 피부양자를 제외한 자(국민건강보험법 제6조 제3항). 여기서 피부양자란 다음의 어느 하나에 해당하는 자 중 직장가입자에 의해 주로 생계를 유지하는 사람으로서 소득 및 재산이 「국민건강보험법 시행규칙」 제2조로 정하는 기준 이하에 해당하는 사람을 말한다(국민건강보험법 제5조 제2항).<br><br>• 직장가입자의 배우자<br>• 직장가입자의 직계존속(배우자의 직계존속을 포함)<br>• 직장가입자의 직계비속(배우자의 직계비속을 포함) 및 그 배우자<br>• 직장가입자의 형제·자매 |

## 2) 사업장 최초 가입(신고)

사업장의 사용자는 직장가입자가 되는 근로자를 사용하는 적용대상사업장이 된 경우 그 때부터 14일 이내에 국민건강보험공단에 직장가입자격취득 신고를 해야 한다(국민건강보험법 제7조 제1호, 국민건강보험법 시행규칙 제3조 제1항 전단 및 별지 제2호서식).

# ④. 산업재해보상보험

산업재해보상보험은 근로자의 업무상의 재해를 신속하고 공정하게 보상하고, 재해근로자의 재활 및 사회 복귀를 촉진하며, 재해 예방과 그 밖에 근로자의 복지 증진을 위한 사회보험을 말한다(산업재해보상보험법 제1조 참조).

## 1) 산업재해보상보험의 종류 및 내용

산업재해보상 보험급여에는 요양급여, 휴업급여, 장해급여, 간병급여, 유족급여, 상병보상연금, 장례비, 직업재활급여의 8종류가 있다(산업재해보상보험법 제36조 제1항).

보험급여의 종류 및 내용은 다음과 같다.

| 종류 | 요 건 |
|---|---|
| 요양<br>급여 | • 근로자가 업무상 사유로 부상을 당하거나 질병에 걸린 경우에 지급되는 급여(산업재해보상보험법 제40조 제1항)<br>• 원칙적으로 현물급여이며 예외적으로 요양비 지급(산업재해보상보험법 제40조 제2항) |
| 휴업<br>급여 | • 업무상 사유로 부상을 당하거나 질병에 걸린 근로자에게 요양으로 취업하지 못한 기간에 대해 지급되는 급여(산업재해보상보험법 제52조)<br>• 1일당 지급액은 평균임금의 100분의 70에 상당하는 금액(산업재해보상보험법 제52조) |
| 장해<br>급여 | • 근로자가 업무상 사유로 부상을 당하거나 질병에 걸려 치유된 후 신체 등에 장해가 있는 경우에 지급되는 급여(산업재해보상보험법 제57조 제1항) |

| 종류 | 요 건 |
|---|---|
| 간병<br>급여 | • 요양급여를 받은 사람 중 치유 후 의학적으로 상시 또는 수시로 간병이<br>필요하여 실제로 간병을 받는 자에게 지급(산업재해보상보험법 제61조<br>제1항) |
| 유족<br>급여 | • 근로자가 업무상 사유로 사망한 경우에 유족에게 지급되는 급여(산업재<br>해보상보험법 제62조 제1항) |
| 상병<br>보상<br>연금 | • 요양급여를 받는 근로자가 요양을 시작한 지 2년이 지난 날 이후에 일정<br>요건에 해당하는 상태가 계속되면 휴업급여 대신 그 근로자에게 지급되<br>는 급여(산업재해보상보험법 제66조 제1항) |
| 장례<br>비 | • 근로자가 업무상 사유로 사망한 경우에 그 장례를 지낸 유족에게 지급<br>되는 급여(산업재해보상보험법 제71조 제1항)<br>• 장의비는 평균임금의 120일분에 상당하는 금액(산업재해보상보험법<br>제71조 제2항) |
| 직업<br>재활<br>급여 | • 장해급여 또는 진폐보상연금을 받은 사람 중 취업을 위해 직업훈련이<br>필요한 자에게 실시하는 직업훈련에 드는 비용 및 직업훈련수당(산업재<br>해보상보험법 제72조 제1항 제1호)<br>• 업무상 재해가 발생할 당시의 사업장에 복귀한 장해급여자에 대해 사업<br>주가 고용을 유지하거나 직장적응훈련 또는 재활운동을 실시하는 경우<br>(직장적응훈련의 경우에는 직장 복귀 전에 실시한 경우도 포함함)에 사<br>업주에게 각각 지급되는 직장복귀지원금, 직장적응훈련비 및 재활운동<br>비(산업재해보상보험법 제72조 제1항 제2호) |

## 2) 사업장 최초 가입(신고)

산업재해보상보험에 가입할 의무가 있는 사업주는 사업을 개시할
경우 14일 이내에 근로복지공단의 관할지사에 보험관계 성립신고
를 해야 한다(「고용보험 및 산업재해보상보험의 보험료징수 등에 관
한 법률」 제11조 제1항, 「고용보험 및 산업재해보상보험의 보험료
징수 등에 관한 법률 시행규칙」 제7조 제1항 및 별지 제2호서식·별
지 제22호의5서식).

# 5. 고용보험

고용보험은 근로자 등이 일자리를 잃어 실업상태가 된 경우 생활에 필요한 급여를 지급하고 근로자 등의 생활안정과 활동을 촉진하기 위한 것이다(고용보험법 제1조 참조).

고용보험사업으로는 고용안정·직업능력개발 사업, 실업급여, 육아휴직 급여 및 출산전후휴가 급여 등이 있다(고용보험법 제4조).

## 1) 고용보험 적용대상 사업 또는 사업장

고용보험법은 1명 이상의 근로자를 사용하는 모든 사업 또는 사업장(이하 "사업"이라 함)에 적용된다. 해당 사업에서 소정근로시간이 1개월간 60시간 미만이거나 1주간의 소정근로시간이 15시간 미만인 근로자는 고용보험법이 적용되지 않는다. 그러나 3개월 이상 계속하여 근로를 제공하는 사람과 1개월 미만 동안 고용되는 일용근로자는 적용대상 근로자에 해당한다.

## 2) 사업장 최초 가입(신고)

1인 이상의 근로자를 고용한 모든 사업 및 사업장은 근로자 1인을 채용한 날부터 14일 이내에 근로복지공단에 고용보험가입신고를 해야 한다(고용보험법 제8조, 「고용보험 및 산업재해보상보험의 보험료징수 등에 관한 법률」 제11조 제1항, 「고용보험 및 산업재해보상보험의 보험료징수 등에 관한 법률 시행규칙」별지 제2호서식 및 제22호의5서식).

### 3) 자영업자 및 개인사업자 등의 적용특례

자영업자는 경제활동 형태 및 종사자 지위는 근로자와 유사하나 취업상태가 안정적이지 못하고 노동관계법의 적용제외로 사회안정망의 보호가 취약한 실정이므로 자영업자가 고용안정·직업능력개발사업에 임의 가입토록 함으로써 한계상황에 처한 자영업주에게 지원시스템 편입 기회를 제공할 필요가 있다(「고용보험 및 산업재해보상보험의 보험료징수 등에 관한 법률」 제49조의2 참조).

**⚡TIP 자영업자와 고용보험**

자영업자도 고용보험에 가입할 수 있다. 고용보험은 근로자뿐만 아니라 자영업자의 생활 안정과 재취업 지원을 위해 가입이 가능하다. 하지만 가입은 의무적이지 않고, 자영업자가 본인의 의사로 신청하여 가입하는 형태이다.
자영업자가 고용보험에 가입하기 위해서는 사업자등록이 되어 있어야 하며, 실제로 사업을 운영하고 있어야 한다. 또한, 가입 당시 최근 2년 이내에 구직급여를 받은 적이 없어야 하며, 고용보험 적용 제외 사업을 운영하거나 부동산 임대업에 종사하지 않아야 한다.
가입 후 자영업자는 피보험 자격을 유지하며, 사업을 폐업했을 경우 일정 조건을 충족하면 실업급여를 받을 수 있다. 다만, 자영업자는 일반 근로자와는 달리 고용보험료 체납 시 실업급여 지급이 제한될 수 있으니, 이를 유념하여야 한다.

# 특례편

## 1. 통합고용증대 세액공제

　2023년 1월 1일 이후 개시하는 과세연도 분부터 고용증대세액공제를 중심으로 5개의 고용지원 제도를 통합하여 '통합고용세액공제'를 신설하여 시행한다.

　다만, 2023년 및 2024년 과세연도 분에 대해서는 기업이 '통합고용세액공제'와 기존 '고용증대 및 사회보험료 세액공제' 중 선택하여 적용 가능(중복 적용 불가)하다.

### 1) 세액공제액

　내국인(소비성서비스업 등 특정 업종을 경영하는 내국인은 제외)의 2025년 12월 31일이 속하는 과세연도까지의 기간 중 해당 과세연도의 상시근로자의 수가 직전 과세연도의 상시근로자의 수보다 증가한 경우에는 다음 각 호에 따른 금액을 더한 금액을 해당 과세연도와 해당 과세연도의 종료일부터 1년(중소기업 및 중견기업의 경우에는 2년)이 되는 날이 속하는 과세연도까지의 소득세(사업소득에 대한 소득세만 해당) 또는 법인세에서 공제한다.

① 청년 등 상시근로자(청년 정규직 근로자, 장애인 근로자, 60세 이상인 근로자 또는 경력단절 여성 등)의 증가 인원 수(전체 상시근로자의 증가 인원 수를 한도로 한다)에 400만 원[중견기업의 경우에는 800만 원, 중소기업의 경우에는 1,450만 원(중소기업으로서 수도권 밖의 지역에서 증가한 경우에는 1,550만 원)]을 곱한 금액

② 청년 등 상시근로자를 제외한 상시근로자의 증가 인원 수(전체 상시근로자의 증가 인원 수를 한도로 한다) × 0원(중견기업의 경우에는 450만 원, 중소기업의 경우에는 다음 각 목에 따른 금액)
　가. 수도권 내의 지역에서 증가한 경우: 850만 원
　나. 수도권 밖의 지역에서 증가한 경우: 950만 원
　→ 통합고용세액 기본공제: 고용증가인원 × 1인당 세액공제액

| 구 분 | 공제액(단위: 만원) | | | |
| --- | --- | --- | --- | --- |
| | 중소(3년 지원) | | 중견 (3년 지원) | 대기업 (2년 지원) |
| | 수도권 | 지방 | | |
| 상시근로자 | 850 | 950 | 450 | – |
| 청년정규직, 장애인, 60세 이상, 경력단절여성 등 | 1,450 | 1,550 | 800 | 400 |

2) 상시근로자 등

상시근로자는 근로기준법에 따라 근로계약을 체결한 내국인 근로자로 한다.

상시근로자(Regular Worker)는 해당 사업장에서 일정 기간 동

안 계속 근무한 평균 근로자 수를 의미한다. 사업장 규모에 따라 법적 의무(예: 조세특례, 퇴직연금 가입, 중대재해처벌법 적용 여부 등)를 판단할 때 사용되고 통상적으로 매월 60시간 이상 근무한 근로자의 평균 인원을 기준으로 산정한다. 이때 회사의 임원, 최대주주의 가족 등을 제외한다. 비교하여 통상근로자는 주 40시간 이상 일하는 근로자이고, 통상근로자보다 적게 일하면 단시간 근로자가 되고, 주 15시간 일하면 초단시간 근로자가 된다. 즉, 상시근로자는 기간평균의 개념을 가지고 있는 것과 비교하여 통상근로자는 시점의 개념이다.

### 3) 상시근로자에서 제외하는 자

① 근로계약기간이 1년 미만인 근로자(근로계약의 연속된 갱신으로 인하여 그 근로계약의 총 기간이 1년 이상인 근로자는 제외한다)

② 근로기준법 제2조 제1항 제9호에 따른 단시간 근로자. 다만, 1개월간의 소정근로시간이 60시간 이상인 근로자는 상시근로자로 본다.

③ 법인세법 시행령 제40조 제1항 각 호의 어느 하나에 해당하는 임원

④ 해당 기업의 최대주주 또는 최대출자자(개인사업자의 경우 대표자)와 그 배우자

⑤ 제4호에 해당하는 자의 직계존비속(그 배우자를 포함한다) 및 국세기본법 시행령 제1조의2 제1항에 따른 친족관계인 사람

⑥ 근로소득원천징수부에 의하여 근로소득세를 원천징수한 사실이 확인되지 아니하고, 국민연금 또는 건강보험료 납부사실이 확인되지 아니하는 자

4) 우대공제 대상 청년 등 상시근로자

① 15세 이상 34세(병역을 이행한 사람의 경우에는 6년을 한도로 병역을 이행한 기간을 현재 연령에서 빼고 계산한 연령을 말한다) 이하인 사람

② 장애인, 상이자, 5·18민주화, 고엽제후유증 환자로서 장애등급 판정을 받은 사람

③ 근로계약 체결일 현재 연령이 60세 이상인 사람

④ 경력단절 여성(조특법 제29조의3 제1항)

5) 청년 등 상시근로자에서 제외되는 사람

① 기간제 근로자 및 단시간 근로자

② 파견근로자

③ 청소년유해업소에 근무하는 청소년

## 6) 상시근로자 및 청년 등 상시근로자의 수 계산방법

해당 과세연도 매월 말 상시근로자(청년 등 상시근로자) 수의 합 ÷ 해당 과세연도의 개월 수

## 7) 외국인 근로자

고용증대세액공제에서 상시근로자는 근로기준법에 따라 계약을 체결한 내국인 근로자 중 상시근로자 제외 요건에 해당하지 않는 자를 의미하며, 내국인에는 소득세법에 따른 거주자(국내에 주소를 두거나 183일 이상의 거소를 둔 개인)를 의미하므로, 외국인이라도 이에 해당하면 내국인 근로자로 보아 다른 상시근로자 요건을 모두 충족한다면 상시근로자로 볼 수 있다.

## 8) 통합고용세액공제를 받을 수 없는 업종(조특법 시행령 제26조의8)

① 호텔업 및 여관업(「관광진흥법」에 따른 관광숙박업은 제외한다)

② 주점업(일반유흥주점업, 무도유흥주점업 및 「식품위생법 시행령」 제21조에 따른 단란주점 영업만 해당하되, 「관광진흥법」에 따른 외국인 전용 유흥음식점업 및 관광유흥음식점업은 제외한다)

③ 그 밖에 오락·유흥 등을 목적으로 하는 사업으로서 기획재정부령으로 정하는 사업

해당 기업은 조세특례제한법상 중소기업이 될 수 없으나, 통합고용세액공제는 중소기업뿐만 아니라 중견기업 및 대기업도 적용받을 수 있는 바, 세액공제대상에서 소비성서비스업을 제외한 것이다.

### 9) 통합고용세액공제 사후관리

소득세 또는 법인세를 공제받은 내국인이 최초로 공제를 받은 과세연도의 종료일부터 2년이 되는 날이 속하는 과세연도의 종료일까지의 기간 중 전체 상시근로자의 수가 최초로 공제를 받은 과세연도에 비하여 감소한 경우에는 감소한 과세연도부터 제1항을 적용하지 아니하고, 청년 등 상시근로자의 수가 최초로 공제를 받은 과세연도에 비하여 감소한 경우에는 감소한 과세연도부터 제1항 제1호를 적용하지 아니한다.

이 경우 대통령령으로 정하는 바에 따라 공제받은 세액에 상당하는 금액(제1항에 따른 공제금액 중 제144조에 따라 공제받지 못하고 이월된 금액이 있는 경우에는 그 금액을 차감한 후의 금액)을 소득세 또는 법인세로 납부하여야 한다.

# 2. 청년취업 지원

## 1) 청년 미취업자 지원

① 「청년기본법」에서의 청년 미취업자 지원: 국가와 지방자치단체는 청년고용을 촉진하고 청년 일자리의 질을 향상하기 위한 대책을 마련해야 한다(청년기본법 제17조 제1항). 국가와 지방자치단체는 청년의 능력·재능·기술 등을 개발할 수 있는 교육환경을 조성하고 창의성과 전문성을 향상시킬 수 있는 대책을 마련해야 한다(청년기본법 제19조).

② 「고용정책 기본법」에서의 청년 미취업자 지원: 국가는 청년의 고용을 촉진하기 위하여 이들의 취업에 적합한 직종의 개발, 직업능력개발훈련과정의 개설, 고용기회 확대를 위한 제도의 마련, 관련 법령의 정비, 그 밖에 필요한 대책을 수립·시행해야 한다(고용정책기본법 제25조 제1항 참조).

③ 「청년고용촉진 특별법」에서의 청년 미취업자 지원: 이 법은 청년 미취업자에 대한 국내외 직업능력개발훈련 등의 지원을 통하여 청년고용을 촉진하고 지속적인 경제발전과 사회안정에 이바지함을 목적으로 한다(「청년고용촉진 특별법」 제1조). 국가 및 지방자치단체는 청년고용을 촉진하기 위하여 인력수급 전망, 청년 미취업자 실태 조사, 직업 지도, 취업 알선 및 직업능력개발훈련 등을 포함한 대책을 수립·시행해야 하고 청년 미취업자의 고용이 촉진될 수 있

는 사회적·경제적 환경을 마련하도록 노력해야 한다(청년고용촉진 특별법 제3조 제1항).

## 2) 청년이란?

① 「청년기본법」에서는 청년의 기준을 19세 이상 34세 이하인 사람으로 정하고 있다(청년기본법 제3조 제1호 참조).

② 「청년고용촉진 특별법」에서는 청년의 기준을 15세 이상 29세 이하인 사람으로 정하고 있다(청년고용촉진 특별법 제2조 제1호 및 청년고용촉진 특별법 시행령 제2조 전단 참조). 다만, 「청년고용촉진 특별법」 제5조 제1항에 따라 공공기관과 지방공기업이 청년 미취업자를 고용하는 경우에는 15세 이상 34세 이하인 사람을 말한다(청년고용촉진 특별법 제2조 제1호 및 「청년고용촉진 특별법 시행령」 제2조 후단 참조).

③ 「중소기업 인력지원 특별법」에서는 채용 시점의 연령이 15세 이상 34세 이하인 근로자를 "중소기업 청년근로자"로 정하고 있다(「중소기업 인력지원 특별법」 제2조 제5호의2 참조).

④ 조특법에서는 청년을 근로계약 체결일 현재 연령이 15세 이상 34세 이하인 사람으로 정하고 있다(조특법 제30조 제1항 전단 및 조특령 제27조 제1항 제1호 참조). 다만, 현역병(상근예비역, 의무경찰 및 의무소방원 포함), 사회복무요원, 현역에 복무하는 장교, 준사관 및 부사관을 이행한 경우에는 그 기간(6년을 한도로 함)을 근

로계약 체결일 현재 연령에서 빼고 계산한 연령이 34세 이하인 사람을 포함한다(조특령 제27조 제1항 제1호 각 목).

### 3) 취업성공수당

고용노동부장관은 「구직자 취업촉진 및 생활안정지원에 관한 법률」 제2조에 따른 수급자(이하 "수급자"라 함)가 신속히 취업하고 이를 유지할 수 있도록 취업활동계획이 수립된 날부터 취업지원이 끝나는 날 이내에 취업한 경우 수당(이하 "취업성공수당"이라 함)을 지급할 수 있다(「구직자 취업촉진 및 생활안정지원에 관한 법률」 제17조 제1항 및 「구직자 취업촉진 및 생활안정지원에 관한 법률 시행규칙」 제13조 제1항). 국민취업지원제도의 지원을 받아 취업에 성공한 중위소득 60% 이하인 청년 수급자에게는 1년 동안 2회에 걸쳐 최대 150만 원의 취업성공수당을 지원한다. 6개월 간 계속 근무하면 1회차에 50만 원을 지급하고, 12개월 간 계속 근무하면 2회차에 100만 원을 지급한다.

취업성공수당을 지급받으려는 경우에는 취업성공수당 지급신청서에 근로계약서 사본 또는 취업 사실을 증명할 수 있는 서류를 첨부하여 관할 직업안정기관의 장에게 제출해야 한다(「구직자 취업촉진 및 생활안정지원에 관한 법률 시행규칙」 제13조 제2항 및 별지 제9호서식).

## 4) 중소기업에 취업한 청년에 대한 소득세 감면

근로계약 체결일 현재 연령이 15세 이상 34세 이하인 청년이 중소기업(비영리기업을 포함함)으로서 조특령 제27조 제3항에 따른 중소기업에 2012년 1월 1일부터 2026년 12월 31일까지 취업하는 경우, 그 중소기업으로부터 받는 근로소득으로서 그 취업일부터 5년이 되는 날이 속하는 달까지 발생한 소득에 대해서는 소득세의 100분의 90에 상당하는 세액을 감면(과세기간별로 200만원을 한도로 함)한다(조특법 제30조 제1항 전단 및 조특령 제27조 제1항 제1호 전단).

소득세 감면기간은 소득세를 감면받은 사람이 다른 중소기업에 취업하거나 해당 중소기업에 재취업하는 경우 또는 합병·분할·사업양도 등으로 다른 중소기업으로 고용이 승계되는 경우와 관계없이 소득세를 감면받은 최초 취업일부터 계산한다(조특법 제30조 제1항 후단).

감면 신청을 하려는 근로자는 중소기업 취업자 소득세 감면신청서에 병역복무기간을 증명하는 서류 등을 첨부하여 취업일이 속하는 달의 다음 달 말일까지 원천징수의무자(회사)에게 제출해야 한다(조특령 제27조 제5항 전단 및 조특칙 별지 제11호서식).

## ▌ 강상원 세무사

- ▸ (현) 세무법인 이안컨설팅 강남지점 대표세무사
- ▸ (전) 세무법인 다솔 파트너 세무사
- ▸ (전) 대우건설 세무팀, 자산관리팀, 경영관리팀 재직
- ▸ (전) 강남세무서 국세심사위원
- ▸ (현) 국토부 전문인력(부동산개발, 자산운용)
- ▸ (현) 경기도청 국선대리인
- ▸ (현) 서울지방세무사회 세무조정 및 성실신고 상임감리심사위원
- ▸ (현) 세무사고시회 조직부회장

### ◪ 주요저서

- • 「건설회사 세무실무」 출간(삼일인포마인)
- • 「2024 세무실무편람」 출간(세무사고시회, 강상원 외 9인 공저)
- • 「한눈에 보는 건설업 세무원리」 출간(삼일인포마인)
- • 「꼭지로 짚은 자영업 세무원리」 출간(삼일인포마인)
- • 「내 꿈을 펴는 청년창업 세무원리」 출간(삼일인포마인)
- • 「2025 수습세무사매뉴얼」 출간(세무사고시회, 강상원 외 4인 공저)
- • 「건설업 세무와 회계」 출간

### ◪ 주요논문

- • 지주공동사업의 과세문제(한국세무포럼)
- • 취득세 과세표준 사전검증제도 도입에 관한 연구
  (한국세무사회, 박훈, 허원교수 공동)
- • 개발사업을 통한 이익의 증여 연구(세무사전문분야포럼)
- • 취득세 일반신고 후 중과세 사유 발생 시 취득세 신고의 쟁점과 개선방안
  (한국세무사회, 장보원, 김형태, 심재용, 최현의 공동)

### ◪ 연락처

- • 서울 강남구 테헤란로 406 상제리제센터 A동 402호
- • taxenc@naver.com

## ▌ 안지헌 세무사

- ▸ (현) 세무법인 이안컨설팅 강남지점 세무사
- ▸ (전) 배민외식업장 전문가
- ▸ (전) 세무법인 한율 세무사